本书得到中国社会科学院学科建设"登峰战略"资助计划夏商周考古学科（项目编号 DF2023ZD15）的资助

藏在甲骨文里的商文明

岳洪彬 主编
懂懂鸭 编绘

童趣出版有限公司编　人民邮电出版社出版
北　京

图书在版编目（CIP）数据

藏在甲骨文里的商文明 / 岳洪彬主编；懂懂鸭编绘；童趣出版有限公司编. -- 北京：人民邮电出版社，2024. -- ISBN 978-7-115-65246-1

Ⅰ．K877.1-49；K223.09

中国国家版本馆CIP数据核字第2024TZ7155号

主　　编：岳洪彬
编　　绘：懂懂鸭

责任编辑：张丽艳
责任印制：李晓敏
美术编辑：段　芳

编	：童趣出版有限公司
出　　版	：人民邮电出版社
地　　址	：北京市丰台区成寿寺路11号邮电出版大厦（100164）
网　　址	：www.childrenfun.com.cn

读者热线：010-81054177　　　经销电话：010-81054120

印　　刷：鸿博睿特（天津）印刷科技有限公司
开　　本：787×1092　1/12
印　　张：9.167
字　　数：180千字

版　　次：2024年10月第1版　2024年10月第1次印刷
书　　号：ISBN 978-7-115-65246-1
定　　价：128.00元

版权所有，侵权必究。如发现质量问题，请直接联系读者服务部：010-81054177。

甲骨文知识
大闯关

童趣出版有限公司编　　人民邮电出版社出版

你已经读完这本书啦，现在来做一组小测验考考自己吧，看看学到了多少知识。如果遇到没把握的题，你可以翻开书去寻找解题线索。祝你取得好成绩！

一、单项选择题（每题5分，共100分）

1.（2021·湖南怀化·中考真题）我国有文字可考的历史从商朝开始，我们把商周时期刻写在龟甲和牛、羊等兽骨上的文字，称为（ ）

A. 甲骨文　　B. 金文　　C. 小篆　　D. 隶书

2.（2022·湖北荆州·中考真题）早期中华文明辉煌灿烂，下列朝代中，以创造了青铜器和甲骨文著称的是（ ）

A. 秦朝　　B. 汉朝　　C. 商朝　　D. 隋朝

3.（2021·辽宁丹东·中考真题）下列描述完全正确的是（ ）
①甲骨文是刻写在龟甲和牛、羊等兽骨上的文字
②甲骨文记载的内容涉及祭祀、战争等方面
③甲骨文是中国已发现的古代文字中年代最早、体系较为完整的文字
④我国有文字可考的历史是从夏朝开始的

A. ①②④　　B. ②③④　　C. ①②③　　D. ①③④

4.（2022·福建·中考真题）甲骨文承载着丰富的历史信息。图中的商周时期甲骨文可以印证当时的（ ）

甲骨文	 𢒉	 犬	 屮
现代汉字	马	犬	牛

A. 土地制度　　B. 农耕生活　　C. 分封制度　　D. 天文历法

5．（2021·河南·中考真题）甲骨文包含着丰富的社会历史信息。下列商周时期的甲骨文共同呈现了当时的（ ）

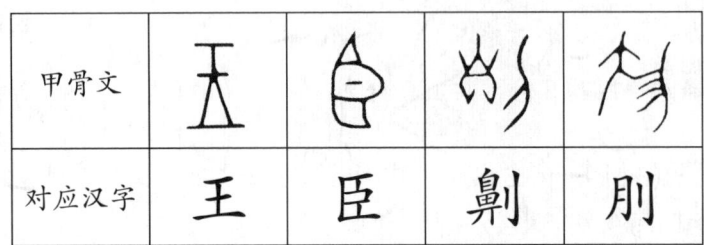

注：劓、刖均为古代残酷的刑罚。

A．政治状况   B．经济发展   C．科技进步   D．军队建设

6．（2023·河南·中考真题）殷墟出土了大量的贝，商朝时期的一些文字都含"贝"字（如下表）。据此判断，贝在商朝应该是（ ）

甲骨文	ᗨ	᙭	⌘	⌂
对应汉字	贝	买	贯	宝

A．货币   B．礼器   C．食器   D．酒具

7．（2021·广东·中考真题）考古学者发现，殷墟各遗址出土的商代人骨普遍有明显跪坐姿势形成的痕迹，且年龄越大越明显。甲骨文中亦有众多和跪坐姿势相关的文字（如下图）。据此推测，这种跪坐姿势是（ ）

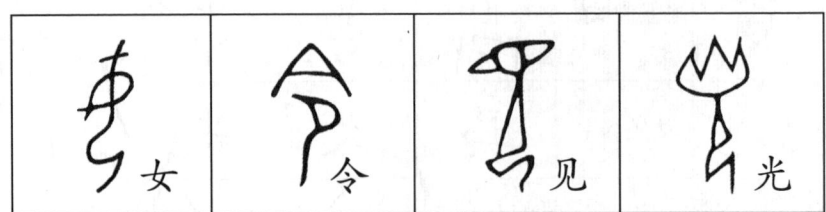

A. 礼仪规范的结果　　B. 狩猎生活的需要
C. 战斗训练的要求　　D. 刑罚残酷的表现

8. （2022·广东广州·中考真题）据统计，历年出土的商代青铜容器达数千件，兵器、车马器和工具等更以万计，其中许多青铜器构思精巧、雕刻精美、造型逼真。这表明商朝（　　）

   A. 统治阶级残暴　　B. 饮酒之风盛行
   C. 青铜工艺高超　　D. 分封制度确立

9. （2022·四川成都·中考真题）殷墟出土的甲骨文中有"廪"（指粮仓）、"畎"（指田间水沟）等字，这反映出商代（　　）

   A. 手工业的新发展　　B. 私有观念的产生
   C. 农业技术的进步　　D. 赋税负担的繁重

10. （福建泉州·七年级上·期末）研究发现，商代甲骨卜辞中大量出现商王"受禾""求雨""省黍"等字样。这反映了商代（　　）

    A. 王权至高无上　B. 占卜主题多样　C. 农业的重要性　D. 事事依赖占卜

11. （2021·北京·中考真题）夏、商、西周三代是中华文明的第一个高峰期，这一时期精神文明的表征是甲骨文的应用，物质文明的集中表现则是（　　）

    A. 打制石器　　B. 原始陶器
    C. 青铜铸造　　D. 瓷器烧制

12. （2023·湖北宜昌·中考真题）在班级开展的"图说历史"活动中，小李同学准备向大家介绍迄今为止世界上出土的最重的青铜器。这一文物是（　　）

    A. 毛公鼎　　　B. 司母戊鼎
    C. 大禾人面方鼎　D. 四羊方尊

13.（2023·山东临沂·中考真题）习近平总书记指出："甲骨文是迄今为止中国发现的年代最早的成熟文字系统，是汉字的源头和中华优秀传统文化的根脉，值得倍加珍视、更好传承发展。"相关研究表明，在创造这种文字时，最早使用的方法是（　　）

A. 象形　　B. 指事　　C. 会意　　D. 形声

14.（2024·河南商丘·二模）小历同学在学校组织的"甲骨文进校园活动"中，认识了一种甲骨文造字方式（见下图）。这一造字方式是（　　）

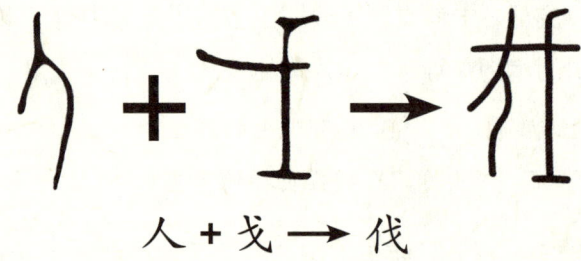

A. 象形　　B. 会意　　C. 形声　　D. 指事

15.（2023·北京大兴·一模）以下是汉字"亚"演变的历程，据此可知甲骨文（　　）

甲骨文	小篆	隶书	楷书
✚	𐰀	亞	亚

A. 成为专门书法艺术　　B. 是篆刻在青铜器上的一种文字
C. 记载内容十分丰富　　D. 是汉字形成与发展的重要阶段

16.（辽宁营口·七年级上·期末）甲骨文是中国商周时期刻写在龟甲和牛、羊等兽骨上的文字。下表是甲骨文字形举例，它们所反映的信息是（　　）

象形字		会意字		形声字		假借字		
日	⊙	明	⽥	河	氵	正	⼝	借为征
田	⊞	从	彳彳	柄	木	右	ㄡ	借为佑

A. 甲骨文是中国已知最早的文字

B. 甲骨文已经具备汉字的造字方法与结构

C. 甲骨文记载的内容十分丰富

D. 甲骨文中40%是象形字

17.（山东枣庄·七年级上·期末）下图甲骨文所采取的造字方法是（　　）

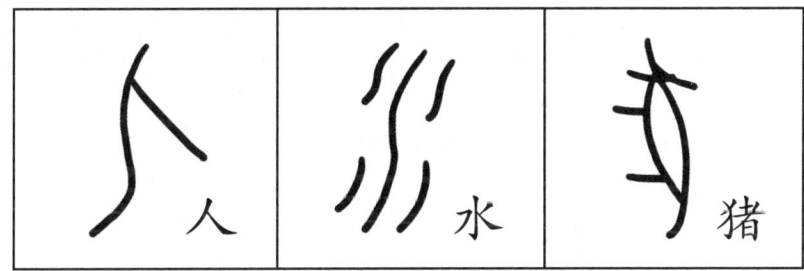

A. 形声　　B. 象形　　C. 会意　　D. 假借

18.（广东揭阳·五年级下·期中）下列对汉字的分析，正确的一项是（　　）

　　A.汉字产生于几万年前，是世界上最古老的文字

　　B.汉字字体的演变过程是：甲骨文→小篆→隶书→金文→楷书

　　C.甲骨文是我们目前所能见到的最早的成熟汉字

　　D.在汉字王国里，象形字是在形声字的基础上增加形符创造出来的

19.（福建三明·五年级下·期中）下列汉字字体演变过程正确的一项是（　　）

　　A.甲骨文——金文——隶书——小篆——楷书

　　B.甲骨文——金文——小篆——隶书——楷书

　　C.金文——甲骨文——小篆——楷书——隶书

　　D.金文——甲骨文——小篆——隶书——楷书

20.（福建泉州·五年级下·期中）下图是"马"字五种字体的演变，从①到⑤排列中，对应字体判断正确的是哪一项？（　　）

　　A.甲骨文、隶书、楷书、小篆、金文

　　B.金文、隶书、楷书、小篆、甲骨文

　　C.甲骨文、金文、小篆、隶书、楷书

　　D.甲骨文、楷书、隶书、金文、小篆

二、填空题（每题5分，共20分）

（全国·五年级下·单元测试）讲到甲骨文时，奇奇很感兴趣，想到了他之前做的"有趣的甲骨文"图表，请你补充完整。

甲骨文	解 读	含有此字的成语
	象形字，是人和动物用来咀嚼食物的器官	1._____
	象形字，树类植物的通称	2._____
	象形字，像半月之形	3._____
	象形字，像天上降落下来的水，本义为从云层中降向地面的水滴	4._____

参考答案

一、选择题

1.A 2.C 3.C 4.B 5.A 6.A 7.A 8.C 9.C 10.C 11.C 12.B 13.A
14.B 15.D 16.B 17.B 18.C 19.B 20.D

二、填空题

1. 不足挂齿、伶牙俐齿、咬牙切齿 2. 缘木求鱼、草木皆兵、入木三分

3. 闭月羞花、月黑风高、月朗风清 4. 暴风骤雨、春风化雨、梨花带雨

（答案不唯一）

你答得怎么样？

90~120 分 你是未来的历史学家！

40~85 分　你已经认识了不少甲骨文字，初步了解了一些商朝文化。

0~35 分 　翻到正文第一页重新读一遍吧……

童学小课堂
300+故事免费听

序

甲骨文是指刻写在龟甲、兽骨（主要是牛的肩胛骨）上的文字。它主要出土于河南省安阳市的殷墟遗址，在郑州商城遗址、山东济南大辛庄等商朝遗址中也有发现。山西、陕西、河北、北京地区的一些西周遗址亦出土过少量的西周甲骨文。但安阳以外地区发现的甲骨文数量少，上面的文字不多，远不如殷墟所出土的商朝甲骨文有代表性。

殷墟甲骨文发现于1899年，至今已有120多个春秋了。100多年来，各遗址出土的甲骨约160000片，其中1928年前小屯村村民私掘出土约125000片，考古挖掘所获约35000片。村民私掘出土的甲骨大部分藏于我国的博物馆、图书馆、大学、科研机构及收藏家手中，也有一部分流散到日本、美国、英国、法国、加拿大、俄罗斯、德国、荷兰、比利时、新加坡、瑞典等国家。考古挖掘所获的甲骨主要藏于中国台湾省"中研院"历史语言研究所和中国社会科学院考古研究所。

甲骨文绝大多数是卜辞，是商王和一些高级贵族占卜的记录，也有少量其他刻辞，如干支表、习刻、记事文字等。它的内容相当丰富，涉及商朝社会的方方面面，如官制、刑法、监狱、军队、战争、农业、手工业、田猎、交通、天文、历法、气象、疾病、教育、贡纳、祭祀、宗教信仰等，有很高的学术价值。

其一，甲骨文记录了商王祖先的名号，可以证明著名史学家司马迁所作的《史记·殷本纪》基本上是可信的，从而把我国有文字记载的历史从西周共和元年（公元前841年）提前到3000多年前，使商朝的历史成为信史。

其二，甲骨文是我国目前发现的最早的具有一定体系和较严密规律的文字，在汉字的形成与发展中起着承前启后的作用。汉字从形成至今，一直被我国人民所使用，在增强民族自信心、维护民族团结统一中也发挥了重要作用。

其三，对甲骨文的研究和溯源，直接促成了1928年我国学者对殷墟的考古挖掘。殷墟考古挖掘是第一次由中国学术机构领导的，对我国古代都城遗址进行的大规模挖掘，它标志着近代中国考古学的诞生，在我国考古学史上有着重要的意义。

其四，甲骨文中有较丰富的自然科学资料，促进了我国古代科学技术史的研究。

其五，甲骨文形体古朴典雅，不仅是一种实用性文字，同时也是一种艺术性文字，对中国书法史有着深刻的影响。

正是由于甲骨文具有这些重大的学术价值，所以我们说它是我国古代文明中的瑰宝，在世界文明史中也有重要的地位。

今天，我们正处于建设有中国特色社会主义现代化国家的进程中，不但要加强物质文明建设，还需要加强精神文明建设。社会主义的精神文明是植根于我国优秀传统文化的沃土之中的。作为汉字鼻祖的甲骨文，是殷商物质文明的载体，是我国优秀传统文化的重要内涵。近十几年来，过去较冷僻的甲骨文正在焕发生机，被越来越多的人所关注。

为满足大众对传统文化知识的需求，学者在研究甲骨文的同时，还致力于甲骨文知识的普及，讲好甲骨文故事。岳洪彬先生就是这样的学者，他主编的《藏在甲骨文里的商文明》是面向小学生、初中生的甲骨文通俗读物。这本书内容非常丰富，讲述了甲骨的发现与挖掘、研究甲骨文的重要学者、甲骨的整治与占卜、甲骨文中显现出的商朝社会生活及汉字的演变等。文字简明扼要、通俗易懂，插画优美、生动，完美地将对甲骨文的讲述和商朝社会生活结合起来。如书中介绍商朝人使用的饮食器具——簋、豆、卣、壶、尊等时，既配有相应的甲骨文字，又配有相应的器物图及陈设这些器物的场景，使人身临其境，印象深刻。又如对汉字造字法的介绍，六书中"指事"较为抽象，一般人不易理解，这本书举了"上""下"二字，所配的插图是在一条长板凳上面放有一盘水果，板凳下面卧着一只可爱的小狗，充满童趣，令人难忘。

这些古老文字所承载的历史记忆和文化智慧，不仅属于我们这个时代，更属于未来的世界。我相信，这本图文并茂的甲骨文青少年读本，会在读者的心田种下甲骨文的种子，使他们从小热爱我国优秀传统文化，也希望他们以后继续传承、发扬、保护好这份宝贵的文化遗产。

刘一曼

2024年6月于北京

写在前面的话

读者朋友们，翻开这本书之前，你们有没有想过，今天的我们为什么还要研究和学习甲骨文？这些古老而神秘的符号里到底藏着什么秘密呢？

我们平常说的甲骨文，大都指商朝后期刻在龟甲、兽骨上用以占卜的文字。商朝的社会氛围十分迷信，占卜、祭祀是社会生活的一项重要内容。占卜结束后，会有专门的人将占卜时间、占卜人、占卜事项、预测的吉凶和最后的结果刻在甲骨上。这些甲骨储藏一段时间后，会被集中掩埋。

120多年前，沉寂了3000多年的甲骨文重见天日，引来世界惊叹。此后，历代学者不断对甲骨上神秘的文字进行"解密"和"破译"，识读的甲骨文字越来越多。到目前为止，已破译的甲骨文单字约1700个。甲骨文已能够完整记录语言，是迄今为止中国发现的年代最早的成熟文字系统。

甲骨文里有广阔的商文明图景

通过这些"甲骨日记"我们可以看到，独具特色的内外服职官制度维持着王朝的统治，华丽的宫殿和宗庙彰显着王朝的兴盛。农业是当时社会生产的主要部门，种植业和畜牧业已很发达，甲骨文中可见"畜""牧"二字。当时种植的谷类作物有小米、黄米、大麦、小麦、水稻、大豆、高粱等，家畜有牛、羊、猪、犬、马、象、鹿等。可见，当时人们的食物种类已经很丰富。桑蚕在商朝农业中也很重要，甲骨文中有很多从丝的字，出土的青铜器上也发现了丝织物包裹后的痕迹，可知当时贵族的衣着已经很华丽。手工业有了长足的发展，特别是青铜冶炼和铸造已非常先进。甲骨文"铸"字，就像手持装有滚烫铜水的容器，将铜水浇注到下方的模范之中。随着商业的日益发展，人们开始使用海贝和玉作为货币进行交易。度量衡已具雏形，殷墟出土有量器和骨尺，甲骨文中也有"称""量"二字。此外，甲骨文中还有大量关于战争、田猎、祭祀、疾病、天象等方面的内容。比如，"小臣墙刻辞"记录了商朝晚期，一名叫墙的小臣曾代表商王联合某个诸侯与来犯的多个方国（部落）作战，俘虏了敌方的首领、贵族、士兵等千余人，缴获了马车、盾、箭等军事装备若干，还在战后将敌人首领作为人牲来祭祀商人祖先。

除了这些大事外，"甲骨日记"中还记录了一些"小事"，比如奴隶逃跑了、"子"上学生病了、王的妻子要生孩子了……这些多姿多彩的甲骨文中，有我们祖先的记忆和文化密码，为我们勾勒出一个鲜活的商王朝。甲骨文堪称商朝社会的百科全书。

甲骨文里有古人造字的智慧

汉字开始产生的时间目前还难以确切断定，甲骨文可以看作汉字的"童年期"。很多人认为甲骨文都是象形字。其实《说文解字》所说的六种造字法，在甲骨文中都可以找到例证，你们可以在本书《汉字造字法》一节中读到。正是由于我们的祖先在造字时具有无与伦比的智慧，我们的汉字才能适应记录汉语的需要，几千年来长盛不衰，使用至今。

甲骨文里有一脉相承的传统文化

文字不仅是语言的载体，同时也是文化的载体。在从甲骨文演变成我们今天所使用的简化字的过程中，虽然大部分汉字字形已经发生了巨大的变化，但蕴含在字里的意思很多却是古今相通的。比如甲骨文"年"字，像一个站立的人，背负着一捆禾束，正在奋力搬运着，本义为丰收、收获。在甲骨卜辞中，我们常常能见到"受年"这样的字样，这是商朝人在祈求神灵保佑农谷丰收。天坛的主体建筑"祈年殿"中的"年"字，也是丰收的意思。像这样，藏在甲骨文单字、甲骨卜辞中的传统文化还可以举出很多。所以说，甲骨文是我们中华民族优秀传统文化的根脉。

甲骨文是商朝先人留给我们的珍贵文化遗产，是研究商朝历史的第一手资料，也是研究汉字起源、中华 5000 多年文明史的古老档案，它需要我们一代又一代的人来保护和传承。这也是我们做这本书的初衷，希望有更多的人可以了解、传承甲骨文。

非常感谢中国社会科学院考古研究所研究员刘一曼先生为本书作序，清华大学出土文献研究与保护中心严志斌教授审读全稿。感谢中国社会科学院考古研究所安阳考古队原队长唐际根、中国文字博物馆副馆长魏文萃、国家图书馆古籍馆研究馆员赵爱学提出的宝贵修改建议，感谢丽水学院齐乐园博士在选题构思之初提出的宝贵建议。

最后，感谢所有为这本书的出版付出努力的朋友们！

岳洪彬

2024 年 6 月于商丘

目录

第一章 甲骨文重现 /1

神秘"天书"——甲骨文 /2

甲骨文传奇现身 /6

三次甲骨大挖掘 /10

细致的修复法 /14

神奇的拓印术 /16

甲骨研究前辈多 /18

破译甲骨文 /20

第二章 神圣的占卜 /23

甲骨变卜甲、卜骨 /24

占卜开始了! /26

甲骨上的"占卜日记" /30

甲骨文有故事 /32

甲骨文这样读 /34

第三章 甲骨文里的商文明 /35

贵族和官僚 /36

平民与奴隶 /44

商朝一家人 /46

丰富的饮食与器具 /48

等级分明的服饰 /52

宫殿、宗庙和民居 /56

服牛乘马 /60

发达的农业 /62

商王的田猎 /68

发达的手工业 /70

商业兴起 /72

神秘的祭祀 /74

征伐四方 /76

杰出的自然科学成就 /80

舞乐翩翩 /84

第四章 从甲骨文到简化字 /87

汉字的诞生 /88

汉字造字法 /90

有趣的中国字 /94

索引 /97

第一章 甲骨文重现

商周时期，先祖们在甲骨上留下珍贵的占卜"日记"。随着这些甲骨深埋地下，那段古老悠远的历史也陷入沉睡，笼罩于迷雾之中。100多年前，这些甲骨"日记"终于重见天日，人们对甲骨上神秘的文字进行"解密"和"破译"，终于得以窥见数千年前那段隐秘的历史。现在就让我们穿越时空，回到100多年前的安阳，亲眼见证这批"甲骨宝藏"的问世吧。

神秘"天书"——甲骨文

在人类发明纸之前,古人会将文字书写在许多载体上,比如竹木简、青铜器、玉石、陶器上。商周时期的人们会将文字刻写在"甲骨"上,这些刻在甲骨上的文字便是甲骨文。

龟甲

"甲"指的就是龟甲,包括腹甲与背甲。

乌龟不像一般牲畜那样便于大规模饲养,光靠都城本地产的乌龟根本不够用,有不少龟甲是从外地进贡来的。各地的方国(部落)经常会向商王朝纳贡龟或龟甲。

龟

"龟"的甲骨文字看上去就像一只爬行的龟,特别生动。

剔出来的牛骨都在这儿了,您看着挑。

兽骨

"骨"则是指兽骨,主要是牛肩胛骨。

商朝的畜牧业发达,已经开始大批驯养牛,所以甲骨文所用的兽骨多是本地所产。享用牛肉后留下的肩胛骨,经过加工处理便可以用来写字。除此之外,还会用到少量羊骨、鹿骨、猪骨和马骨,甚至虎骨。

在人类发展的历史中，出现过多种形式的文字，其中中国古代的甲骨文、苏美尔人的楔形文字、古埃及的圣书字和美洲的玛雅文字是四种独立创造的文字。但除了甲骨文，其余三者都已成为"死文字"，仅有甲骨文一脉相承，传承不辍。

甲骨文

甲骨文虽然年纪大，却很有活力！它是目前发现的中国已知最早成系统的文字，也是唯一历经演变传承下来的古文字。我们现在使用的汉字，很多都能看到甲骨文的影子。

右边是一些常见字的演变过程，快来对比看看，它们有哪些共同之处？

奇妙的汉字演变史

甲骨文	日	☽	車	馬	鼎
金文	日	☽	車	馬	鼎
小篆	日	月	車	馬	鼎
隶书	日	月	車	馬	鼎
楷书	日	月	車	馬	鼎
简化字	日	月	车	马	鼎

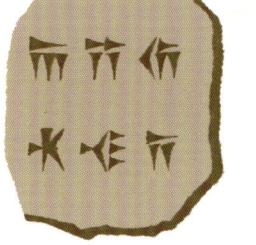

楔形文字

公元前3400年左右，苏美尔人发明了楔形文字。他们用削尖的芦苇秆或木棒将文字刻写在软泥板上。这些文字线条笔直，一头细一头粗，就像楔子或钉子，故得名。

圣书字

大约在公元前3000年，古埃及人创造出了圣书字。圣书字有碑铭体、僧侣体和大众体三种字体，其中碑铭体书写规范，图画性强，俗称"象形文字"。

玛雅文字

玛雅文字是玛雅人创造的一套象形文字系统。最早的玛雅铭文可以追溯到公元前328年。玛雅文字呈方块形、圆形或椭圆形，大都被刻在石碑、庙宇和墓室的墙壁上。

甲骨文简历

姓名 甲骨文

年龄 约 3000 岁

基本信息

主要出土地

殷墟是商朝晚期的都城遗址，位于河南省安阳市，我的主要出土地便是这里。除了殷墟，山西、陕西、山东、北京、河南其他地方也有我的踪迹！

主要工作

我主要记载了商朝晚期至周朝初期这段时间内古人的**占卜内容**。

花样别称

甲骨卜辞

我的主要内容是占卜的卜辞，所以我又名"甲骨卜辞"。根据卜者的身份不同，卜辞可以分成两类。

不过我也并不全是卜辞，还记录了不少其他内容，比如商王武丁时期的记事刻辞，就记录了商王带领随从狩猎一事。

王卜辞
记录商王活动的卜辞。

非王卜辞
卜者不是商王的卜辞。

还有甲骨文干支表，那可是中国最早的"日历"。

合作伙伴

在商朝社会中，**商王**既是最高的统治者，也是巫师首领。我最主要的合作伙伴便是他！当然，也有例外情况。

个人风格

图画性强，笔画多，外形粗细大体均匀，有一种干脆利落的爽利感。

自我评价

> 我很深奥，想要彻底了解我，需要人们花费大量时间和心血来解读，还有很长一段路要走呢。

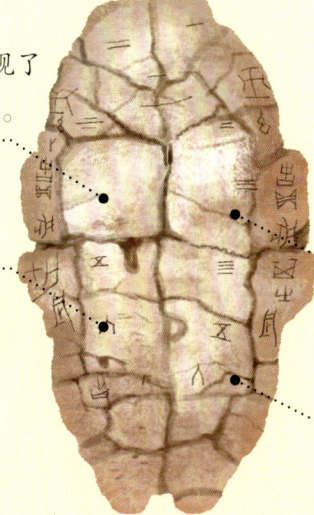

如今，人们大约发现了 160000 片有字甲骨。

上面所刻不重复的单字约 4500 个。

能够理解意义的却只有约 1700 个字。

其中经过考释并为学术界公认的字有 1000 多个。

契文

 → 契

契的本义是用刀雕刻。龟甲、兽骨上的文字都是用契刀刻上去的，故名"契文"。

殷墟文字

这是根据我的主要出土地来命名的，但殷墟出土的遗物有不少都带有文字。除了甲骨，还有带铭文的玉器、骨角器和青铜器，因此，殷墟文字并不专指甲骨文。

甲骨文传奇现身

我们知晓了甲骨文的出土地，但又有了一个新的疑问：它们究竟是怎么被人们发现的呢？现在，就让我们一起去探寻一下"甲骨文现世"背后那段曲折离奇的故事吧。

现世　误作中药材

清朝末年，河南安阳小屯村的村民意外在农田中挖掘出了甲骨。他们以为这些奇怪的"骨头"是能治病的药材，便将其卖去了中药铺。

重见天日的甲骨，恰巧和医书中记载的一种名为"龙骨"的中药材十分相似。糟糕的巧合误导了人们。

当时的人们不认识这些古老的文字，认为只是一些奇怪的符号。这些甲骨被收购时，有符号的反而价格低，所以最初被发现的甲骨大多被剃去字迹，后又被捣碎研磨，当作中药用掉了，真是让人惋惜。

惊觉 终识"荆山玉"

"这东西当药材卖多可惜,应该是珍贵的古董啊!"

1899年前后,有两个来自山东潍县(今山东省潍坊市)的古董商人认识到了甲骨的价值,开始四处收购甲骨,然后贩运到北京出卖。

当时清廷有一位官员,名为王懿荣,平日喜爱收藏金石,对古文字颇有研究,所以他一下就察觉到这些甲骨上的符号大有来头。

甲骨小报

金石学

在近代考古学出现之前,有一门以古代青铜器和碑刻铭文为主要研究对象的学问,被称为"金石学"。

金石学兴起于北宋时期,士大夫们通过考证金石铭刻,来证明和补充古代的文献记载。

于是,他花重金收购了大批甲骨,并细加考证。可以说,王懿荣是最早认识和研究甲骨文的人,被世人尊称为"甲骨之父"。可惜不久之后,八国联军攻入北京,王家也随之衰落了。

著书　集骨拓成书

王懿荣去世后,他的好友刘鹗收藏了他生前旧藏的甲骨,并在此基础上,四处重金求购,最终共计收集了5000余片甲骨。

刘鹗(è)

字铁云,江苏丹徒(今江苏省镇江市)人。他不仅喜爱收藏金石,在数学、水利、医学等方面也有所成就。而且,他还是一位小说家,所撰写的《老残游记》被鲁迅先生誉为"晚清四大谴责小说"之一。

1903年,刘鹗精选所藏甲骨1058片,拓印编成《铁云藏龟》(6册),这是历史上第一部著录甲骨文的图书。他还在书中首次提出甲骨文是"殷人刀笔文字",也就是商朝人用刀刻的文字,对后来的甲骨文研究有开创性的贡献。

没想到几千年后,我还能看到殷人的文字呀!

后来,刘鹗因罪流放新疆,其收藏的甲骨也随之四散。

勘地 慧眼破天机

刘鹗的好友罗振玉也是一位杰出的古文字学家，还曾为《铁云藏龟》撰写序言。他一直渴望找到甲骨真正的出土地。

1908年，罗振玉终于从古董商人那里打听到，甲骨的出土地在河南彰德（今河南省安阳市）附近，便在此后数年，多次派人到这一带走访调查。最终得以确定，安阳小屯村就是此前所见甲骨的出土地。1915年，罗振玉还亲自到小屯村考察。

但这里为什么会出现甲骨呢？后来，在其好友王国维研究下，这个问题终于得到了解答。原来小屯村一带正是商朝晚期的都城遗址——殷墟的所在地。

盘庚迁殷

商朝历史上曾经多次迁都，到了商朝中后期，有一位有作为的君主盘庚，为了王朝的发展，决定迁都到殷（今河南省安阳市）。

盘庚迁殷后，商朝便再也没有迁过都了，所以在古代文献中，商朝也被称为殷或殷商。

欢迎来到我的都城！

三次甲骨大挖掘

1928年，国立中央研究院历史语言研究所启动了对殷墟的大规模科学挖掘。1928—1937年，考古学家先后对殷墟进行了15次挖掘。中华人民共和国成立后，中国科学院考古研究所继续进行殷墟挖掘。在对殷墟的多次挖掘中，有三次甲骨大挖掘非常重要，我们一起去看看吧！

挖掘过程中摄影师用相机记录拍照，为我们留下了珍贵的现场照片。

在土坑一侧挖出的倾斜马道，方便众人从坑中运出木箱。之后，再雇用许多有经验的搬运工，花费两天的时间将木箱运到安阳火车站，再转送到南京。

第一次 甲骨大挖掘

1936年6月12日，在第十三次挖掘的收尾阶段，考古学家发现了一处未经扰动的整坑甲骨，那就是著名的 **YH127甲骨坑**。

像这种整坑的甲骨需要一片片清理，耗时较长。考古学家便想了个办法，将甲骨**整坑搬运**出来，送到南京研究，开创了中国室内考古挖掘的先河。

考古人员用铁锹、锄头、铲子等工具清理土层，并用扁担和竹筐等工具，将泥土搬运到坑外。

这场挖掘有郭宝钧、石璋如、王湘、高去寻、李济和董作宾等考古前辈参与。为了防止当地土匪前来抢夺甲骨，考古现场还驻有军队，以保证考古队顺利完成挖掘工作。

为了顺利将甲骨整坑搬运出来，考古队定制了一个大木箱，用垂吊的方式把箱子套下去。为了防止装箱过程破坏甲骨所在的灰土柱，人们还在柱身外包了油布。

这箱甲骨文物运到南京后，仅进行简单清理。1937年因战事吃紧，专家无奈封箱将其迁移至大西南，直到战争结束后才再次运回南京，开始全面清理工作。

经挖掘、清理，YH127 **甲骨坑**一共出土了 **17000 多片**甲骨，这些甲骨绝大部分是商王武丁时期占卜留下的，内容涉及商朝社会生活的方方面面，是研究甲骨文和商朝历史十分宝贵的"档案库"。

第二次 甲骨大挖掘

1973年，考古人员对小屯村南地进行的科学考古挖掘成果颇丰，出土刻辞卜骨**5000多片**，是出土**刻辞卜骨**数量最多的一次。

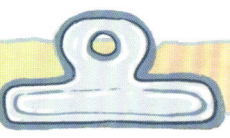

第三次 甲骨大挖掘

1991年10月，工作队在安阳花园庄东地挖掘了新的甲骨坑，出土甲骨**1500多片**。其中有**689片**为**非王卜辞**，占卜的主体是一个叫"子"的神秘人物。

勘测考古位置

1.定位挖掘区域

考古挖掘不简单，人们需要先测绘地形，规划挖掘的位置，然后清理地层，一层层刮面，清理收获的文物，最后归档保存。在这个过程中，需要用到很多工具！

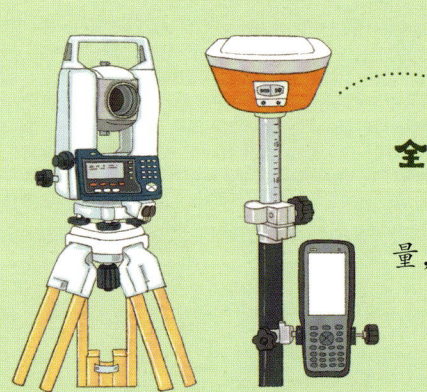

全站仪、RTK系统*

运用它们进行扫描和测量，确定挖掘范围和位置。

*实时动态测量系统

木桩、绳子

探测好位置后，考古人员会打木桩，用绳子拉直线，规范出挖掘的范围。

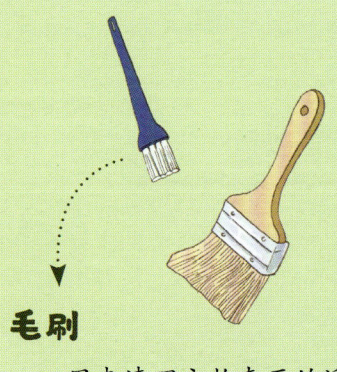

毛刷

用来清理文物表面的浮土。

2. 清理表面地层

4. 整理、保存文物

刚出土的甲骨非常容易破碎，小块甲骨不易被发现，要细细地过筛和水洗坑中的泥土，才能避免发生遗漏。

3. 仔细挖掘文物标本

手铲
考古学家用它一层一层刨开土壤，深入地下，像开盲盒一样寻找埋藏的"宝物"。

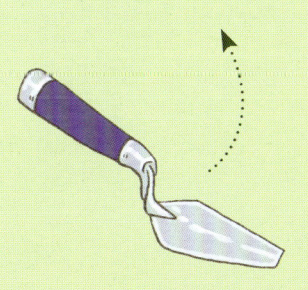

大筛网
筛选较大的石块、泥土，也可以放水浮洗文物。

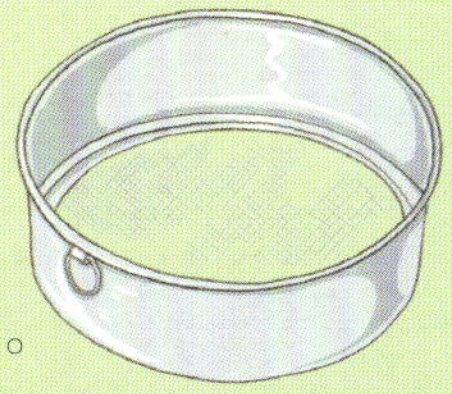

小筛网
用来筛选土壤，防止遗漏文物。

单反相机
拍下文物的出土状态，方便后续研究。

标本袋、标本箱
用来保存文物，并在上面标注好信息。

13

细致的修复法

出土的甲骨如果没有被细致清理与贮藏，便会逐渐"生病"。因此，科研人员需要检查出土甲骨的状况，对"生病"的甲骨进行诊断和修复。

甲骨"诊断书"

"骨质疏松"

如果所处的环境太潮湿或太干燥，甲骨就会逐渐变得脆弱易碎，表面出现凹凸不平的纹路和裂缝，甚至会断裂。就像人类患上骨质疏松症，甲骨最终也会"骨折"。

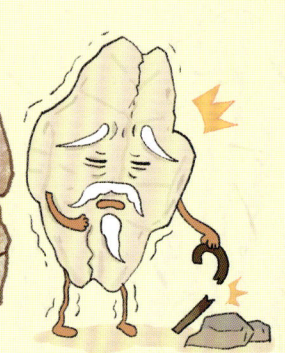

"皮肤病"

甲骨表面会出现"粉化"现象。随着时间流逝，甲骨表面疏松粉化并脱落，骨釉质被破坏，"身上"出现明显的白色斑点。

"霉菌感染"

一些甲骨长期被深埋在地下，由于土壤中水分太大，甲骨一直"受潮"，表面就会滋生霉菌。此外，如果将甲骨放置在潮湿或通风不良的地方，也可能会造成这种情况。

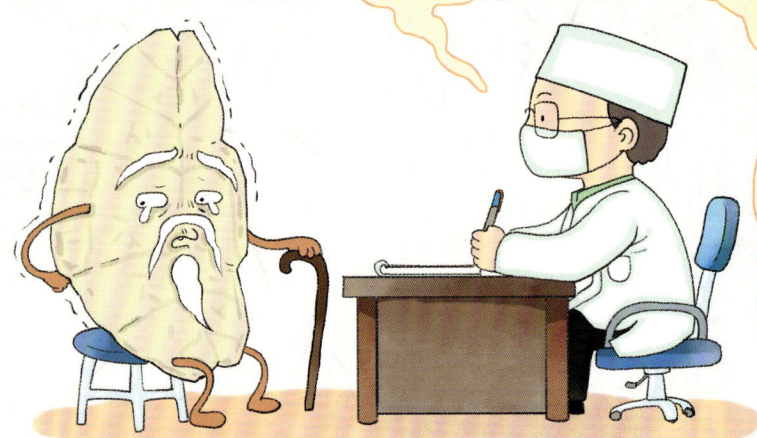

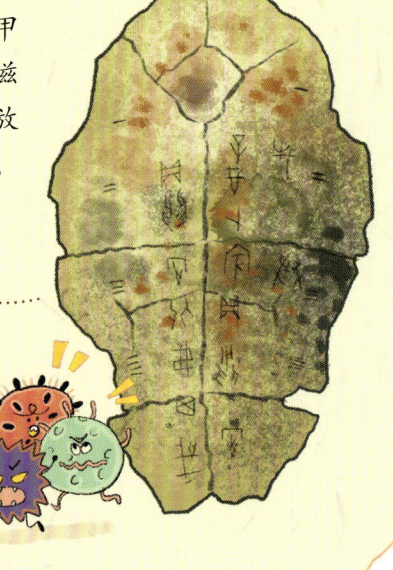

甲骨"治疗方案"

1. 清洗
用棉签蘸取酒精，清洗甲骨表面的黏土和霉菌。如果是比较坚硬的泥垢，可以用竹签或手术刀清除。

2. 脱色
霉菌会在甲骨身上留下色斑，所以清理掉霉菌后，还需要使用低浓度的双氧水涂抹变色的部位，使其脱色。

3. 杀菌
为了防止霉菌"卷土重来"，我们需要杀死霉菌的孢子。先喷洒甲醛溶液消毒，再把甲骨放进环氧乙烷灭菌器中进行熏蒸，充分杀菌。

4. 粘接
选择粘连性好的环氧树脂胶黏剂，点涂在缺口断面处，再按照原本的位置粘接复原，将甲骨恢复完整。

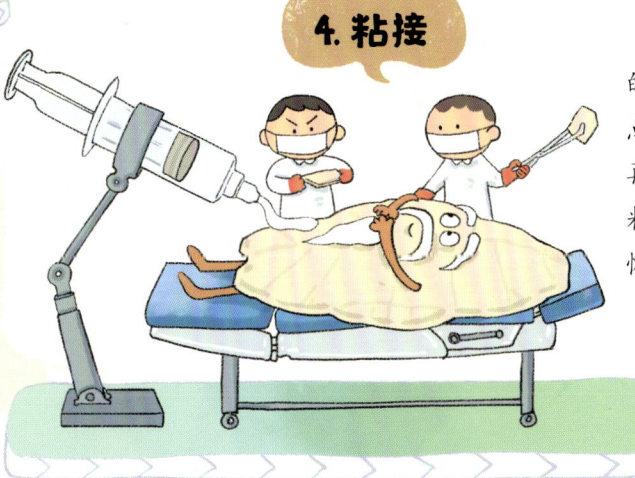

甲骨小报

环氧乙烷

环氧乙烷气体具有毒性和易爆性，使用时需要格外小心。

研究人员需要佩戴防毒面具，并通过通风柜排风换气，及时将室内的有害气体排出。

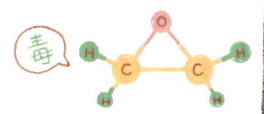

神奇的拓印术

为了保存和研究甲骨上的文字，人们往往会将其拓（tà）印下来。拓印就像给甲骨"拍照"，但拓印的方法可比拍照复杂得多。

3. 刷纸上水

接下来，在甲骨上覆盖拓纸。这种纸张应该是厚薄均匀、表面整洁无破损的专用纸。随后，用专用毛笔将白及水从中央向四周轻刷，涂在拓纸上，确保纸张与甲骨贴合紧密，没有气泡和皱褶。

2. 清理

选取头发墩刷，轻轻将甲骨表面清理干净。

1. 垫实

相较于石碑，甲骨片更加脆弱和不平整，常常是碎片状的。要拓印上面的文字，就需要先用软软的油泥或黄蜡将甲骨固定、垫实，有字面朝上放置。

> 我准备的白及片，是为了冲泡具有黏性的白及水。它可以让拓纸更好地粘在甲骨表面。

裁纸刀　长把打刷　头发墩刷　棕墩刷　墨扑子　白及片

4. 吸取水分

在拓纸上覆盖一层较薄的吸水纸,用特制的长把打刷轻轻敲打,吸取多余的水分。

5. 刷实字形

再换一张新的吸水纸,用棕墩刷隔着吸水纸,按照每个字的笔画轻刷,确保湿拓纸紧紧贴进字内。

爷爷泡的白及水浓淡适宜,既不会太浓导致拓纸难揭,也不会太淡没有黏性,真厉害呀!

6. 扑墨

拓纸八成干时,开始扑墨。使用特制的墨扑子,从甲骨上没有文字的部位开始扑。第一遍的墨色要淡一些,扑子轻起轻放,接触到拓纸的一瞬间腾起。

7. 揭片

等到墨色干透,自下而上慢慢地揭起拓片,一张完美的拓片就诞生啦!

甲骨研究前辈多

20世纪中国有轰动世界的四大古文献发现，分别是殷墟甲骨、居延汉简、敦煌遗书及明清档案。甲骨文的发现催生出一门崭新的学问——甲骨学，对中国学术界产生了巨大而深远的影响。甲骨学的勃然兴起，为中国培养和造就了一批饮誉海内外的大学者，他们为甲骨学的研究做出了巨大的贡献。

王懿荣（1845—1900）：我是发现和收藏甲骨第一人。

刘鹗（1857—1909）：我编印了《铁云藏龟》。

孙诒让（1848—1908）：我提出"据形考释法"来考释甲骨文字。通过这种方法，我考释出100余个甲骨文字。

罗振玉（1866—1940）：我收藏的甲骨有近30000片，编有《殷虚书契》等著作，还开创了甲骨文书法。

- 王懿荣与刘鹗：互为好友，刘氏继承王氏遗志，接手其收藏的大部分甲骨。
- 罗振玉与刘鹗：互为好友，罗氏在刘氏处初见甲骨拓片墨本，鼓励刘氏继续收藏甲骨。
- 孙诒让与刘鹗：孙氏根据刘氏的《铁云藏龟》撰写了第一本考释甲骨文的著作《契文举例》，并寄送稿本给刘氏。
- 孙诒让与罗振玉：互为好友，孙氏曾将《契文举例》稿本寄给罗氏。
- 董氏曾拜访过罗氏，并在罗氏的影响下开始甲骨文书法创作。

大名鼎鼎的"甲骨四堂"

甲骨四堂指的是中国近代四位研究甲骨文的著名学者，他们对甲骨文研究贡献巨大，获得了很高的评价。因为他们的字、号或笔名中恰好都带有"堂"字，所以便被人们尊称为"甲骨四堂"。

我号"雪堂"。	我号"观堂"。	我字"彦堂"。	我笔名"鼎堂"。

罗振玉	王国维	董作宾	郭沫若

董作宾（1895—1963）
我参与了安阳殷墟的科学大挖掘，培养了大批考古人才，还通过一系列标准把发现的甲骨文进行分期归类。

胡氏曾协助董氏整理《殷虚文字甲编》。

王氏在担任北京大学研究所国学门通讯导师时，曾以书信交流方式远程指导董氏治学。

胡厚宣（1911—1995）
作为《甲骨文合集》的总编辑，我奔走四方，历经漫漫20年，搜集来40000多片甲骨，将其整理分类，编纂成书。

《甲骨文合集》的编纂由郭氏任主编，胡氏任总编辑，二者同在中国社会科学院历史研究所工作。

王国维（1877—1927）
我运用新出土的史料和地上的文献材料相印证的方法，即"二重证据法"来考证商朝的历史。

郭沫若（1892—1978）
我主编了《甲骨文合集》，还借助甲骨文研究了商朝人的日常生活。

破译甲骨文

甲骨文是汉字的早期形式,其破译可不简单。我们今天使用的汉字和这种古老文字相比,大部分的字已经发生了巨大的变化。要破译这些古文字,需要文字学家具备语言学、文字学、历史学、考古学等学科的知识积累。他们从历史中吸取经验,在实践中总结归纳,逐渐形成了一套逻辑严密、旁征博引的考释方法。

对照法

即对照古文字在不同时期的形体演变,最终识别出这个甲骨文字。

例如"雨"字,甲骨文的写法和现在的写法有一定的差异,但当我们把金文、篆书中的"雨"字也列出来,就能够对照识别出甲骨文中的"雨"字了。

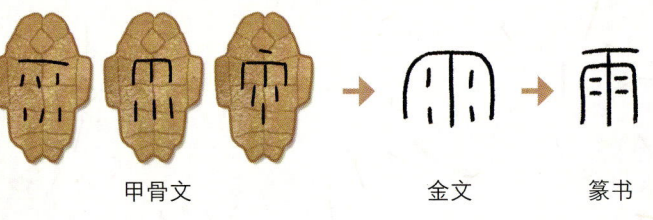

甲骨文　　金文　　篆书

偏旁分析法

即对已识的古文字偏旁进行分析归类,用于进一步识别未识字的方法。

例如甲骨文"斤"字,本义是斧头,将它和其他字符组合,就能识别出更多的字。斤和木组成"析",本义就是用斧头劈开木头,引申出分离之意。

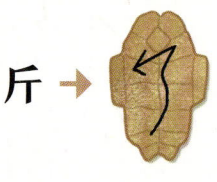 斤 析

推勘法

即通过古文字材料和古文献资料的记载，推勘出未知甲骨文字的方法。

例如，古文献记载，"虹"是一种有两个脑袋的动物，《梦溪笔谈》也有记载"虹两头皆垂涧中"。彩虹常出现在水边且两端都垂入水中，看上去像是在饮水一般，故此古人才说"虹有两头"。据此我们便可以辨出甲骨文"虹"字了，果真也是"双头"呢！

虹 →

综合论证法

羌 →

即调动各种相关知识和手段，以尽可能充分的材料，从不同的角度和层次来综合论证的方法。

例如甲骨文"羌"字，就是通过综合论证法考释出的。首先，文字学家通过《诗经》、甲骨文等古文字资料研究发现，羌族和古代华夏民族联系密切。其次，世界各民族的原始民族多有戴牛角、羊角的习俗，所以推测商朝时的羌族人有戴羊角的习俗，古人造字时取其形象，故在甲骨文"人"的上部加上羊角。最后，又因羌人常被中原部落所俘虏，所以造字时又在颈部系上绳索作为形。

"阱"字的破译

2016年，中国文字博物馆发布了一则甲骨文破译公告。

谁能破译出一个未被释读的甲骨文字，就能得到最高10万元的奖励。大家快来参与啊！

哇！厉害了，这就是"一字值万金"呀。

到目前为止，只有极少数学者拿到了这个奖励，王子杨就是其中一位。

请问王老师，您是怎样破译出"阱"这个字的呢？

其实，关于甲骨文"阱"字，学界一直存在争论。我所使用的方法，正是前文说到的偏旁分析法和综合论证法的结合。

从偏旁来看，甲骨文"阱"字上半部分很像一种挖土的工具，下半部分则是甲骨文"井"字。两者组合起来，便是用挖土工具来挖井。

★商朝的井是由木框和可以滤水的鹅卵石围起来的，造型和字形一模一样。

而且我通过翻阅大量资料发现，这个字在《说文解字》《广雅》等古代字书中也出现过。

再结合甲骨卜辞，我最终得出这个字就是甲骨文"阱"字，意为"用工具挖坑制作陷阱，来捕捉野兽"。这个字也告诉我们，商朝人捕猎时已能熟练地运用陷阱。

第二章 神圣的占卜

商朝的社会氛围十分迷信，人们普遍认为"万物有灵"，常将日常生活中的偶合解释为神灵的征兆。占卜、祭祀是当时社会生活的重要内容。

从甲骨卜辞可以看出，商王无论事情的大小，都要通过占卜来与神灵沟通，预测未来的祸福吉凶。上至国家大事，如战争、天象、年成、祭祀……下至私人生活，如疾病、生育、田猎……几乎无事不卜。

这些契刻在龟甲、兽骨上的甲骨文，就是商朝的巫师与"神明"沟通的桥梁。通过这些古老的文字，我们可以一窥商朝人的精神世界。让我们一起走进庄严而神秘的占卜现场吧。

甲骨变卜甲、卜骨

用龟甲和兽骨进行占卜是一种古老的习俗,最早可追溯到遥远的新石器时代中期(约 6000 年前),在商朝最为盛行。商朝人会对龟甲、兽骨进行处理,变成"卜用甲骨"。

占卜开始了！

未来几天会不会下雨呢？面对这个问题，商王很苦恼，再不下雨，庄稼就要颗粒无收了。于是，他决定进行一场占卜。

我是负责挑选和处理甲骨的人。

我是祷告占卜之事的**贞人**。

我是负责钻凿、灼烧甲骨的**卜人**。

我是**占人**商王。我会根据卜兆定吉凶，不过占人也可以是其他人。

我是专门负责刻写的**史官**。

这次占卜，就用雀方进贡的那一批龟甲。

1. 取材

占卜前需要准备好工具。负责挑选和处理甲骨的人，前往储存龟甲与兽骨的窖穴挑选龟甲。

之前，雀方（商朝的周边小国）进贡了250片龟甲。负责选龟甲的人便从中挑选了一片龟腹甲，并把它锯削磨平，处理得平整光滑。

2. 钻凿

龟甲处理完后，就轮到专业的"卜人"登场了。卜人需要用工具在龟甲的背面分别钻出圆形、椭圆形的浅坑和凿出长条状、枣核形的凹槽。"凿"用刀，"钻"用刀或钻子。这一个步骤十分重要，钻凿过的地方甲片会变薄，这样才有利于用火灼烧时裂开。

3. 灼兆

钻凿完成后，卜人点燃一根木棍，然后吹灭火焰将其小心翼翼地伸进龟甲上的钻孔里或凿痕旁，一边灼烧，一边吹火星。

伴随着噗噗的爆裂声，龟甲的正面顺着钻孔出现了一条条裂痕，这就是"卜兆"，昭示着占卜的结果。"卜"字也来源于此。

4. 祝祷

卜人灼烧龟甲的同时，贞人登场了。他向神询问欲占卜的事项，口中念念有词。

毛笔书写的文字

少量甲骨文是先用毛笔书写后才刻写的，刀刻过后笔写的朱墨痕迹还在。也有的是先刻写甲骨文，后涂朱填墨。

5. 观兆

灼兆和祝祷结束后，负责此次占卜的贞人恭敬地将卜甲呈给占人（如商王），由占人来判断占卜的结果。

6. 刻辞

完成卜问后，史官接过龟甲，手持青铜刻刀，把卜问的内容与商王对未来天气做出的预测刻在卜兆旁边。

过了几天，商王的占卜果然应验了。除了商王预测的丙日，壬寅日、甲辰日、己酉日和辛亥日这四天也下起了雨，于是史官将这个结果也刻写在龟甲上，并记录下这片甲骨的来源。

7. 保存

占卜结束后，负责处理甲骨的人会把这片使用过的甲骨存放到专门的窖穴中，一片片叠放整齐。那里还存放着之前占卜用过的甲骨。保存一段时间后，再将它们集中埋起来。

甲骨上的"占卜日记"

除了占雨，商王还经常占卜自己与家人的身体状况，田猎收获多少，与敌国打仗会不会胜利，来年庄稼的收成，祖先对祭祀供品是否满意、愿不愿意降下福泽等一系列问题。这些被契刻在卜骨、卜甲上的"占卜日记"被称为"卜辞"。卜辞是有一定格式的，最完整的卜辞可分为叙辞、命辞、占辞和验辞四部分。

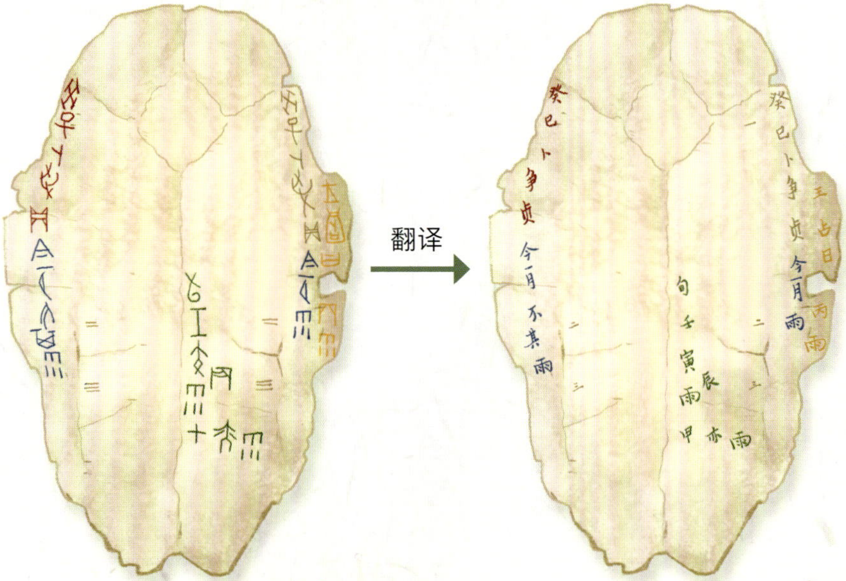

★
红字为叙辞
蓝字为命辞
黄字为占辞
绿字为验辞

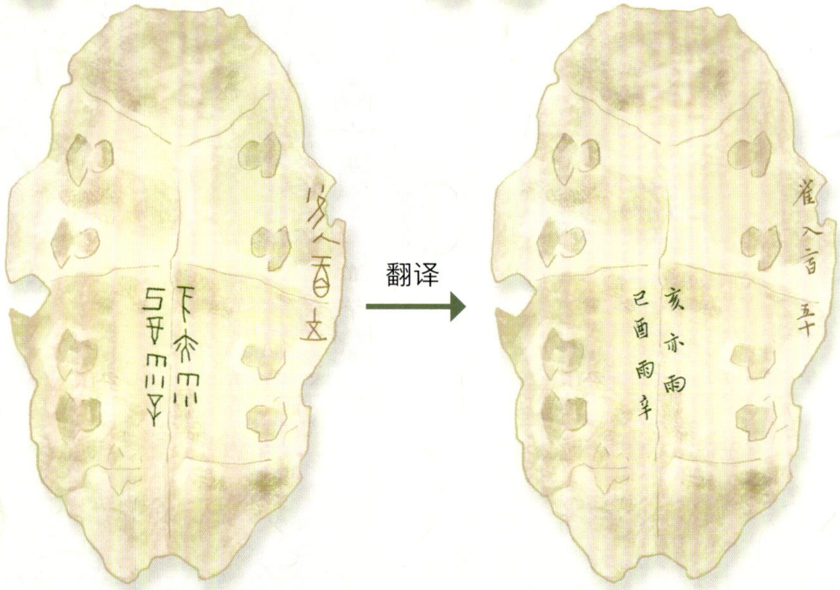

求雨卜辞正面

求雨卜辞背面

叙辞

叙辞，又称前辞，主要记录占卜的时间和贞人的名字。

卜辞中的"癸巳卜，争贞"，指的就是在癸巳这一天进行占卜，负责占卜的贞人名叫"争"。

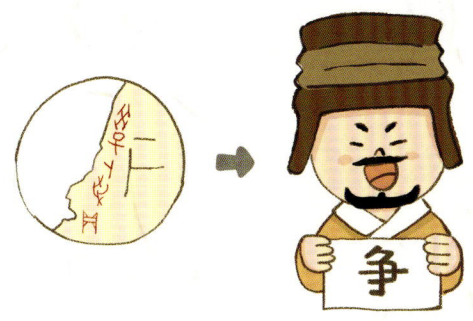

命辞

命辞，又称贞辞，主要记录占卜的内容，是卜辞的中心部分。

卜辞右侧记为"今一月雨？"左侧则记为"今一月不其雨？"像这样从一件事情的正反两面来进行贞问的卜辞，又叫"对贞卜辞"。

占辞

占辞，又称果辞，就是贞人观察了卜兆之后所作出的判断。

这个工作有时会由商王亲自完成，比如这条卜辞记为"王占曰：丙雨"，就是所谓的"占辞"。

验辞

验辞，就是占卜内容的验证结果。

占卜一般是为了预测未来的某件事情，所以预测最终是否实现也要刻在甲骨上。甲骨正面中缝处刻写的"旬，壬寅雨，甲辰亦雨"，以及背面中缝处刻写的"己酉雨，辛亥亦雨"，就是对最终结果的记载，即接下来的一旬，壬寅日、甲辰日、己酉日、辛亥日都下雨了。

并不是所有的卜辞都四项齐全，大多数只有叙辞和命辞。一般来说，占卜与商王相关事情的卜辞才会出现占辞，验辞就更少见了。

甲骨文有故事

虽然甲骨大都用来占卜,但甲骨文并不等同于卜辞。学者研究发现,一些甲骨记录了和占卜无关的事情(刻辞甲骨),比如方国的朝贡、田猎的数量,一些甲骨上刻写的是干支表、祀谱等(表谱甲骨),甚至有一部分还可以看出是学生练习后废弃的甲骨(习刻甲骨)。不过,非卜辞甲骨占比非常少,约占1%。这些多姿多彩的甲骨文共同为我们勾勒出一个鲜活的商王朝,王遭遇了一场车祸、王的妻子要生孩子了、奴隶逃跑了、军队打了一场胜仗、"子"上学生病了……

商朝的日历、祀谱

日历是我们现在很熟悉的事物。难以想象的是,在甲骨上也发现了它们的影子。商朝的史官会在甲骨上刻下"干支表"来纪日,还会刻下"祀谱"供祭祀时查阅。

商朝晚期的一场大规模战争

"小臣墙刻辞"是一则著名的记事刻辞。刻辞记录了商朝晚期,小臣(职位)墙(人名)代表商王联合某个诸侯,与来犯的几个方国作战,并取得丰富战利品的事。这次战争中他们俘虏了敌方的首领、贵族、士兵等千余人,还缴获了马车、盾、箭等军事装备若干。战后他们还将敌人首领作为人牲用于祭祀商人祖先。小臣墙因战功显赫而受赏。

3000多年前的一次车祸——子央坠车

甲骨卜辞记录了一次车祸。这是中国历史上最早的关于车祸的记录。癸巳日那天,殷卜了一卦:"接下来十天内有没有祸事?"商王武丁查看占卜结果后,表示将有鬼神作祟。结果卜辞应验了!甲午日,武丁去狩猎犀牛(野牛)。名叫凿的小臣驾驶的那辆车突然车轴断了,马倾倒,撞翻了武丁的王车。结果,护卫子央也坠下车来。

正常的"车"字 表示车子一部分断裂的"辍"字

甲骨文这样读

现在我们的书写和阅读都是从左到右横向进行的,但阅读甲骨文却不一样,需要掌握一定的技巧才能顺畅阅读。不过,甲骨文的读法有很多,这里我们主要学习一些基本原则。

要点一:
龟腹甲的中间有一条中缝,被称作"千里路"。它是天然的"书写分割线"。

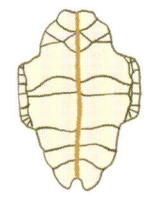

要点二:
甲骨文一般都是从上往下竖向书写的。

要点三:
阅读方向忽左忽右,与龟甲被灼烧时裂开的"卜"字形裂缝朝向有关。

龟甲的 中心区域

以中缝为分界线,文字**由内向外**书写。

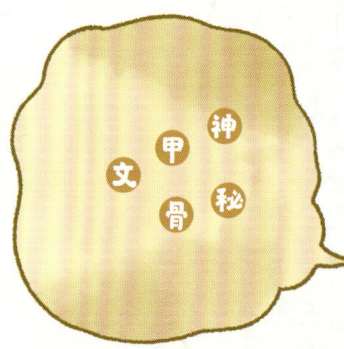

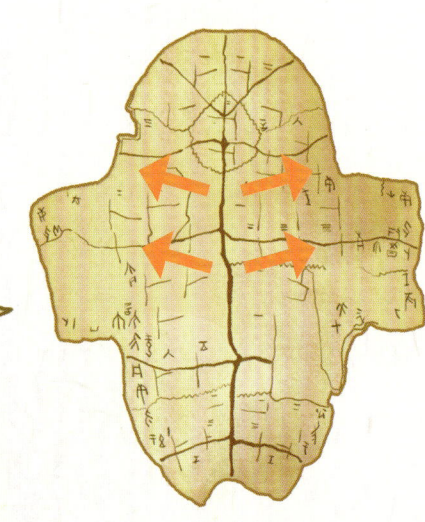

中缝左侧的文字从右向左书写

中缝右侧的文字从左向右书写

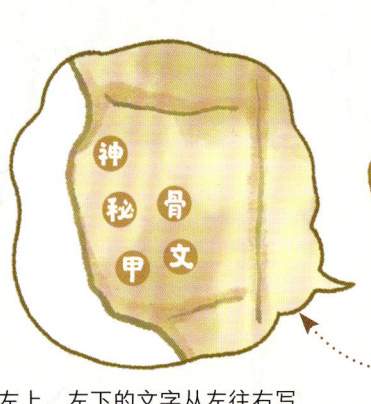

左上、左下的文字从左往右写,
左中的文字从右往左写

右上、右下的文字从右往左写,
右中的文字从左往右写

龟甲的 四周区域

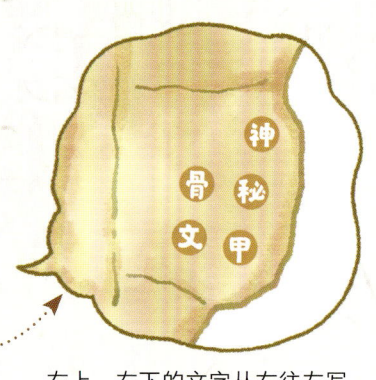

四角文字**由外向内**写,
中间的文字**由内向外**写。

第三章 甲骨文里的商文明

《诗经·商颂·玄鸟》记载:"天命玄鸟,降而生商,宅殷土芒芒。"短短一句话便向我们勾勒出了商王朝的起源。传说上古帝王帝喾(kù)的妃子简狄拾取并吃掉了玄鸟产下的一枚卵,由此诞下了商的始祖——契。在这之后,契带领商族开疆拓土,形成了繁荣的商文明。

通过甲骨文我们可以看到,独具特色的内外服职官制度维持着王朝的统治,华丽的宫殿和宗庙彰显着王朝的兴盛,农业、商业、手工业等也都有了长足的发展。商朝的子民们建立起传统的家庭结构雏形,制作出各种样式的服饰,创造了丰富的饮食文化。

现在,就让我们跟随神秘的甲骨文,穿越到3000多年前,一窥商朝人的生活吧。

贵族和官僚

商朝社会等级分明，大致分为上层贵族、普通平民和奴隶几个不同的阶层。上层贵族包括商王在内的王室贵族、大小官僚、军事将领及巫等。商朝实行的是中央内服制与地方外服制，所以官僚也可以分成内服官和外服官，可简单理解为"中央本部员工"和"外地分部员工"。

商朝的选官制度主要是世袭制度，官职家族传承，同时王室贵族也时常参与政务。这些贵族生前生活奢侈，死后会以大量器物和奴仆随葬。

内服官员

商王直接控制的王畿（jī）区域的官员，可以分为外廷官和内廷官。

商王

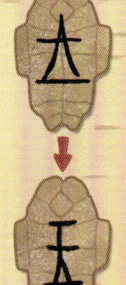

商王是商王朝的最高统治者，在政治、经济、军事、文化上享有最高权威。商朝有500余年的历史，前后共有29位商王。

"王"的甲骨文字形发生过变化，右上为稍早的"王"字，后来在其上加了一横，就成了右下的样子。大多数学者认为，甲骨文"王"字和象征王权的斧钺相似，彰显着商王至高无上的地位！

外服官员

王畿之外的侯甸方国区的官员。侯、甸、卫、伯等起初为外服据点名称，由于其军事、行政功能日益强大，后逐渐转化为官职称呼。

外廷官 负责王朝政务或事务。

政务官

事务类官员

内廷官 负责商王生活。

武官

宗教文化类官员

侯 最初是设置在边境的武装警卫组织，后来发展成较为独立的据点。"侯"也成为外服官员的称呼。

甸 "甸"即甲骨文中的"田"，最初可能是设置在边境支持侯、卫等防卫组织的农田种植单位，后逐渐发展为镇守一方的独立诸侯。"甸"也成为外服官员的称呼。

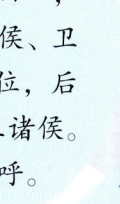  

伯 商朝周围方国部落首领的称呼。伯是商朝重要的征服和融合对象，在商朝外服官员中占重要地位。

卫 商朝设置在边境的武装组织，后来发展为卫服，成为商朝的外服诸侯。

顶梁柱般的外廷官

三公

 师　保

商朝的辅政主官员经历了一相制、双相制到三公制的演变。在商朝后期，逐渐形成了太师、太傅、太保的三公体系。其中，"师"字与"保"字在甲骨文中已有体现，不过"师"字含义很多，更多时候指的是一种武官。

冢宰

宰

商朝的重要官职，职权与后世的宰相相似，为最高辅政官。一般根据商王的需要，任命三公之中的一位来兼任。甲骨文"宰"字已被释读。

多君与多尹

多  君  尹

商朝的决策团体，即商王的"智囊团"。人员构成复杂，包括各种政务、事务官员，族长等。有学者认为甲骨卜辞中的多尹就是多君。

立史

史包含很多官职，其中一种是商朝为了与各地方政权联系而派遣的使者，后来又发展出为某诸侯设置的专门使者。他们不仅负责王朝与诸侯之间的沟通，还参与地方事务、军事行动等。卜辞中称为"立史"。

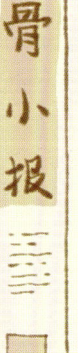

甲骨小报

奴隶出身的名臣——伊尹

伊尹，名挚，尹为官名，是夏末商初著名的历史人物。他曾是有莘国的奴隶，过着艰苦的生活。后来他作为陪嫁的庖厨来到商地，凭借自己的聪明才智引起商汤的注意。伊尹协助商汤灭掉夏朝，建立商朝，后被立为"尹"，行使右相权力，位列三公。

牧

商朝各牧场的首领称作"牧",负责管理牲畜的生产。除"牧"外,还有一个官职为牧正,推测其为总管畜牧的官员。

刍正

甲骨文中的"刍"指的是负责牲畜生产的奴隶。刍正,指的是专门管理刍奴的官员。

小藉臣

"藉"的甲骨文字看起来像人踏着耒,正在耕作的样子。小藉臣就是管理农业耕作的小臣。

畯

甲骨文中的"畯"(jùn)就是"田畯",是商朝专门设置的农业官员。

作册

作册是商朝的主要史官，跟随商王出席大小活动，负责记录商王的言行。

师

师是商朝军队的最大单位，有学者认为1万人为一个师。

戍

戍原指各地戍守部队的首领，后成为正规军事组织的军官。

亚

亚经常参加各类军事活动，涉及的事务广泛，如作为教官训练士兵或参加战争等军事活动。

司工

司工是商朝设置的专门管理建筑工程和手工业生产的官员。

商王身边的内廷官

宰

宰是掌管商王饮食的官员,与商王保持着十分亲近的关系。

多食

多食是商王宫室中厨官的群称。

小疾臣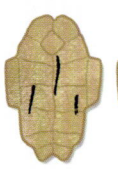

小疾臣是商王及其王室成员的"医生"。商朝的医诊工作由巫医担任。

寑 **妇**  **子**

宫寑是商王经常活动的场所，因此在寑内设有专门的管理者，称作"寑"。

在甲骨文中常见"妇某"的称呼。妇为称号，后面的字是私名，如妇好。她们是王或贵族的配偶，负责管理后宫，有的还会参加祭祀等国家大事。

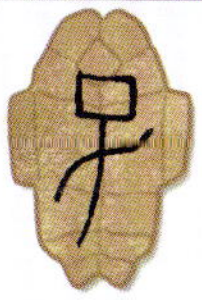

子是商王之子或是王室近亲，也是一种爵位名称，且不限于男性。他们有自己的封地，地位较高。

平民与奴隶

在商朝社会中，平民阶层拥有一定的人身自由和私人财产，并且还会参加战争，负责监管战俘。这些较为自由的平民泛称为"邑人"。而奴隶阶层相对来说就没有这么轻松了，他们没有人身自由、生命保障和政治权利，也很少拥有私人财产，他们无偿为奴隶主劳动，有时还会被残害身体或用于祭祀。

甲骨文"人"字看上去像侧立的人。在现在汉语中，"人"是各类人的总称。但在商朝，贵族统治阶级是不被包括在其中的，"人"特指处于社会下层的平民和奴隶。

在商朝，有一些民众已经脱离农业而专门从事手工业生产，这些人在甲骨文中被称为"工"，负责制作陶器或青铜器、织染布匹和修建建筑等。

→ 臣

甲骨文"臣"字的字形，就像一只竖着的眼睛，人低头的时候，眼睛就像这个样子，而这正是低头臣服的奴隶形象。臣主要指男性奴隶，引申为奴仆的主管或管理杂役的小官。

→ 妾

甲骨文"妾"字和"女"字笔画相近，"妾"字头上多了一个代表头饰的结构，表示其为地位低下的女性。有人认为，"妾"字头顶的东西为一把刀，表示有罪而受到惩罚的女性奴隶。从甲骨卜辞也可以看出，妾的社会地位低下，常充作贵族的奴隶。

→ 众

"众"的甲骨文字形，上方是太阳，下方是三个人，表示人们在太阳下劳作的意思。关于众的身份，目前还存在一些争议，有学者认为众是在烈日下劳作的奴隶，是没有生命保障的人。但也有学者认为，众其实是负责农田劳作的普通群众。从甲骨卜辞可以看出，众直属商王朝管辖，商王还会关心众是否"有灾"，甚至还让众参与祭典。

→ 奚

甲骨文"奚"字形似一个跪坐在地、双手被反绑在身后的人，发辫被人揪住或脖子上套着绳索。"奚"字表示的就是被绳索束缚，失去人身自由的奴隶。

商朝一家人

商朝实行一夫一妻的婚姻制度,不过上层贵族多为一夫多妻。在商朝家庭当中,男性占主导地位,女性的地位则较为低下。商朝人已有重男轻女的观念,生男为吉,生女为不嘉。而且从甲骨文的字形我们可以发现,家庭成员已经有了较为明显的职责分工。

→ 母

甲骨文"母"与"女"的区别是,"母"字中间多了两点,用以表明"母"为生育后哺育孩子的女性。"母"也可以特指家族中的母亲、祖母等辈分较高的女性。

→ 妇

甲骨文"妇"从女从帚,会意为用扫帚做清洁的女子,后用于指代已婚女性。

→ 女

甲骨文"女"字形似一位双手交叉放于身前、跪坐在地的女人,看起来温柔顺从。

← 子和孙 →

甲骨文"子"字就像一个还未长大的小婴儿,"孙"字则由"子"和绳索之形构成。古人结绳记事,记录世系,世系绵延,子孙昌盛。"孙"本义指的便是儿子的儿子,是传续生命的后代。

→ 老

甲骨文"老"字十分形象,像一位弯腰驼背、须发长长的老人,正拄着拐杖一步一步慢慢行走。

甲骨文"夫"字为在"大"字头上加了一横,就像在人头发上插了一根发簪。束发加冠,表示其为成年男性。后引申为从事某种体力劳动的人,如"车夫""渔夫"等。

甲骨文"父"字,像一个人手举着斧一类的工具进行劳作。"父"是人们对从事劳动的男子的尊称,后引申为"父亲"之"父"。

甲骨文"男"字由"田"与"力"组合而成,下面的"力"字像原始农耕工具耒(lěi)。从田从力,表示使用农具耕田劳作是男子的重要职责。

丰富的饮食与器具

商朝人的食物主要有谷物粮食、畜禽肉类、水产鱼鲜和蔬菜水果等。其中谷物粮食已达8种之多；对作为"鲜食"的肉类需求量很大，这些肉类不仅是贵族平时奢侈享用的消费品，还是祭祀时重要的祭品；水产类食物主要是河湖中的鱼鲜；通过遗址出土物我们还了解到，当时有杏、桃子、李子、枣等水果，也有盐、花椒、梅子等调味品，还有酒类饮品。这些食物一起构成了商朝人丰富多彩的饮食文化。

D → 肉

甲骨文"肉"字就像切出的一大块肉。商朝时，上层贵族食用的肉类主要有牛肉、羊肉、猪肉、鹿肉、兔肉等，平民阶层则吃鸡肉更多些。

杏 → 杏

甲骨文"杏"字上面是"木"，下面是"口"，从甲骨文到简化字，字形无太大变化。商朝人常吃的水果除了杏外，还有桃子、李子、梅子、枣等。

酒 → 酒

"酒"字的甲骨文字形就像酒坛旁溢出酒液的样子。商朝时已经有专门的酿酒作坊，人们用谷物、果实与蜂蜜等材料来酿酒。

商朝的烹饪方式以煮和蒸为主。当时的炊具主要是陶制品，平民使用的陶器较为简单朴素，而贵族使用的陶器则造型众多、纹样精细，质量更高。之后又出现了青铜器，但青铜器作为"明贵贱，辨等列"的重要标志，主要用于贵族宴饮或祭祀等礼仪场合。

鼎

甲骨文"鼎"字是个象形字，上面是鼎的两耳，中间是腹部，下面是鼎的足。圆鼎有三足，这也是"三足鼎立"一词的由来。鼎最初是用来烧煮食物的，后用于祭祀，为国之重器。

鬲（lì）

鬲是用来煮谷物，加热肉类、蔬菜的炊具。其下有三个肥大的足做支撑，足部中空，便于加热。

俎（zǔ）、宜

这个甲骨文字对应"俎"和"宜"两个字，像肉置于俎上，当时应该有两种读音，后分化为二字。俎的作用类似现代的菜板，也用于宴会，方便人们切割进食。

甗（yǎn）

甲骨文"甗"字是个象形字。甗像现在的蒸锅，下层为鬲，用来煮水，上层为甑（zèng），也就是带孔的笼屉。妇好墓还出土了一件稀有的复合炊具——妇好青铜三联甗。

*商王宴会想象图

→ 簋（guǐ）

簋大都用来盛放煮熟的黍米，圆腹圈足。不过在殷墟挖掘的簋里，曾发现了羊肉残留物，说明簋也会用来盛放肉食。甲骨文"簋"字像一个人拿着某种食具从食器中取食物。

→ 豆

豆是一种圆底高足、上为盘形的器物，用来盛放肉食（如鸡肉、羊腿）与各类菜蔬。豆不仅见于王室宴会，也出现在平民的生活中，既充作盛食器，又可作为饮器使用。

→ 卣（yǒu）

卣是一种盛放酒的酒器，一般带有提手，常常被放置在皿形底座上。故有的甲骨文字形在下部增加了"皿"。

商朝人一日食两餐，上午一餐为"大食"，下午一餐为"小食"。平民、奴隶只能吃些稀粥烂饭，贵族则可以享用丰盛的"聚餐"。宴会时会用到种类繁多的饮食器具，如尊、爵、卣等酒器，簋、豆等食器，箸、勺、匕等取食餐具。据文献记载，商纣王吃饭用的是珍贵的象牙筷子。

当时还没有桌椅，宴饮时人们席地而坐，地上铺有筵席。席一般用苇、麻、蒲类植物茎秆编成。当时有地位的贵族面前还会设置俎、案，方便摆放食物。宴会一般还会有音乐、歌舞助兴，已经初具后世宴饮的雏形。

→ 爵

"爵"的甲骨文字形和实物十分相像。爵下有三足，口沿上有爵柱。它既是商朝人饮酒的酒杯，也是十分重要的礼器。

→ 壶

就像甲骨文字形展示的一样，壶是一种有盖、腹部较大的盛酒器，兼或盛水。

→ 尊

甲骨文"尊"字下面是两只手，上面是一个酒尊，会意为双手捧酒尊敬酒。

等级分明的服饰

商朝时期的服饰相比之前已经相当丰富，并且已有等级之差。服装流行"上衣下裳"，分为上下两段，衣服材质比起之前也有了更多选择；帽冠和饰品更是多种多样；虽然很多人还是习惯光脚，但也出现了各种材质的鞋子，并且尊卑分明。

→衣

本义为上衣，甲骨文字形就像一件上衣，从上到下分别是领口、袖子和衣襟。

穿衣的时候左襟向右掩，压住右襟，此为"右衽（rèn）"，是汉族服饰的基本特点。从"衣"的多种甲骨文字形和金文字形看，左衽、右衽并没有严格区分。

颊（kuǐ）

颊，即额带或发箍，在商朝很流行。贵族和平民都可以戴，贵族的颊上面会加一些精美的饰物。目前我们还未发现和"颊"相对应的甲骨文字。

黹（zhǐ）←

本义是针线刺出的花纹，甲骨文字形就像针线在上下缝纫，后引申为缝纫、刺绣等针线活儿。

当时一般只有中上层贵族的衣服上才会有这些精致的刺绣花纹。

商朝平民　商朝贵族

→履（lǚ）

本义是步行，后引申为"鞋"的统称。甲骨文"履"字就像一个行走的人，脚上的鞋十分突出。

商朝的贵族喜欢穿平底高帮鞋。这种鞋无须系带，材质有丝绸、麻布和皮革几种。普通的平民只能穿草鞋一类简单的鞋，或无鞋可穿。

韨（huī）←

韨，指蔽膝，即男子下装前面那条长长宽宽的带子，最初是为了遮羞，后来渐渐变成一种装饰物。

衣服的材质有丝、麻、葛、皮革几类。贵族的衣服柔软舒服，由精工编织的麻布、葛布和丝织品制成；平民则穿粗麻、粗葛编的衣服，更有甚者，只能穿用干枯的草茎编织的衣服，手工粗糙，颜色单一。

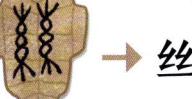 → 丝

本义为蚕丝。蚕丝可以织成柔软舒适的丝绸，很受贵族喜爱。甲骨文"丝"字，就像两束扎起来的蚕丝。这也许就是商朝人处理蚕丝的某个过程。

 蚕

"蚕丝这么好，多半是神赐予我们的吧！"商朝人就是怀揣着这样的想法，开始祭起了蚕神。甲骨卜辞中有"蚕示三牛"的说法，即用三头牛来祭祀蚕神，这在当时算是非常豪华了！不过，并不是所有人都认为这个甲骨文字就是"蚕"字。

 → 裘（qiú）

裘，用野兽或牲畜的皮毛制成的衣服。甲骨文"裘"字像一件有毛的衣服。商朝的皮革工艺已十分厉害，他们可以用皮革做皮甲，还会在上面绘制四色花纹。

我是殷商时期的玉蚕，出土的数量不少，可以想象商朝人真的特别喜欢蚕呢！

我是安阳出土的商朝皮甲遗迹。

思考小课堂

商朝人大量使用麻来做衣服，为何甲骨文中却没有"麻"字呢？会不会是因为我们还没有辨识出来呢？

商朝贵族和平民的服饰等级还体现在佩戴的饰品上。妇好墓出土的玉器装饰品超400件，品种相当复杂，有用作头饰的发笄（jī）、镯类臂腕饰品、衣服上的坠饰、项链，还有其他杂饰。这些饰品造型独特，非常精美。此外，墓中还发现了用于梳妆打扮的铜镜和玉梳。由此可见，当时的物质生活资料已经很丰富。

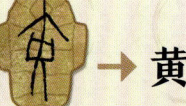 → 黄

甲骨文"黄"字像一个人腰挂一个环形物，指代佩玉的意思，后演变为"璜"字。在商朝，佩玉的纹样多种多样，有人纹、鸟纹、鱼纹、兽纹等。

→ 监

人们在梳妆打扮时，当然希望能看见自己美丽的样子。甲骨文"监"字就像一个人俯瞰面前的水盆，注视着水中的倒影。商朝的贵族已会使用铜制的镜子，妇好墓中就出土了多面铜镜。

 → 若

甲骨文"若"字像一个跪坐在地，双手上举，梳理自己秀发的人。故"若"的本义为顺，后演化出"像""如同"之意。

商朝人的饰品盒中有什么？

发笄 发笄的材质有竹、石、骨、玉、铜和金。其中骨笄是发现数量最多的，妇好墓中就出土了499支。

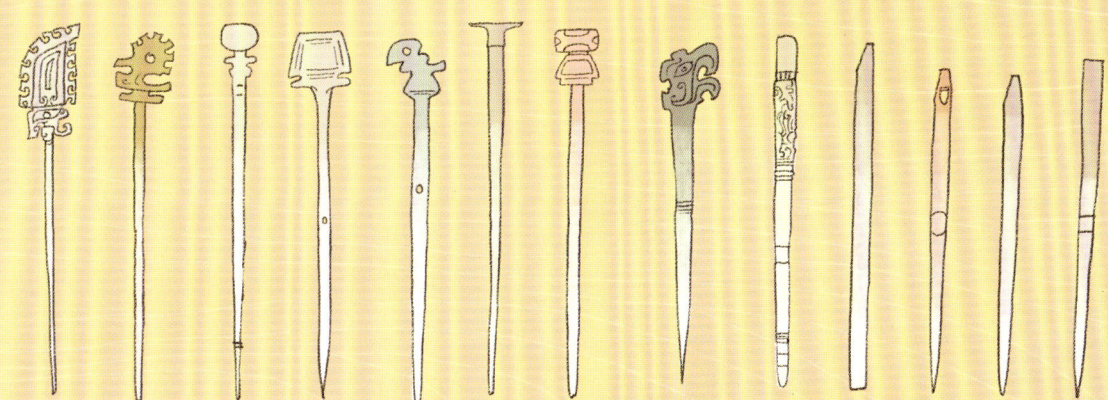

梳子 商朝的梳子有着竖直的外形，材质为骨、玉、象牙和铜等。

项链 商朝的贵族和平民都喜欢佩戴颈部饰物，特别是各种材料的珠、管项链。

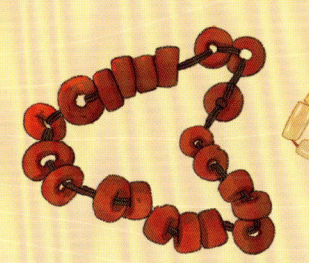
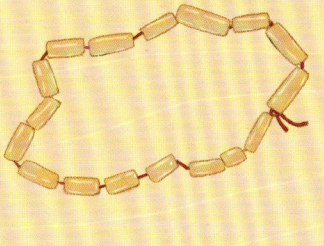

手部饰物 商朝晚期出现了类似于现代扳指的饰物，叫作"韘（shè）"。射箭时戴在大拇指或食指上，方便钩弦。妇好墓中就出土了一件玉韘。

腰饰 商朝人的腰部也是装饰的重点，人们会佩戴各种材料的瑗、环、璜、玦、串饰、腰带等饰品。

宫殿、宗庙和民居

商朝的气候温暖湿润，人们聚集在一起生活，已经形成了固定的居住点，通称为"邑"。夏商时期的建筑工艺技术已经很高明，出现了高层建筑、多建筑相连等复杂建筑结构。在甲骨文中我们也可以找到很多和建筑物相关的字，如宫、家、门、庭、宗等。

商朝王城的秘密

商朝统治中心"商邑"的迁徙有过五次，立过六都。目前发现的商朝王城建筑有四处，分别是商朝前期的偃师商城、郑州商城，以及商朝中晚期的洹北商城和殷墟。其中洹北商城和殷墟保存较好。这里是商王盘庚到最后一位商王帝辛（纣）统治时期的都城。

宋，本义是人住的房子。这个字几千年来没有发生太大变化。甲骨文"宋"字上面是屋顶，下面是支撑房屋的木柱。商朝人一般还会在木柱上雕刻和彩绘，这是他们的审美取向。

→ 宋

宫，本义为房屋。甲骨文字形外面一圈是房屋的轮廓，里面的小口表示不同的居室。"宫"本指普通房子，秦汉之后，逐渐成为帝王专属，专指帝王所住的宫殿。

→ 宫

"门"为象形字。它是进入房屋的入口，双扇称"门"，单扇称"户"。门两旁还有侧房，叫作"塾"，后来也指民间的学校。宫门一般朝南，这样屋内光照充足。

→ 门

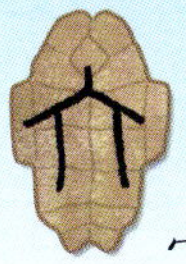

介 → 宀（mián）

宀，本义为人字形顶的宅屋。商朝的宫殿等高等级建筑，屋顶被设计为"四阿重屋"，也就是四面坡、两重檐。这可以方便雨水从四面流下，保护土台基和木柱泥墙，而且看起来也很有气势！自此起，"四阿重屋"被奉为至尊式样，一直沿用至清朝。

仚 → 高

甲骨文"高"为象形字，像高台之形。商朝人建造房子的方式为"茅茨土阶"，即房子筑在一个高高的夯土台基上，房顶尖尖的，盖着茅草。

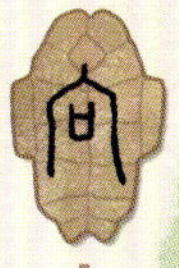

向

甲骨文"向"字，外面是房屋，里面的"口"形代表窗户。会意为房屋的窗户，后来引申出"方向""朝向"之意。窗户不仅可以通风，还能让光线射进来，方便人们看清东西。

庭

庭，本义是房屋中的厅堂，也指正房前围起来的院子，也就是现在常说的庭院。贵族到达殿堂议事会经过庭，平时也可以在庭内组织礼仪活动等。

商朝的王公贵族死后，其后代会在他们的墓上建享堂。它既可以作为墓的地面标志，又可以作为祭坛。这种陵墓上的享堂建筑，在当时叫作"宗"。

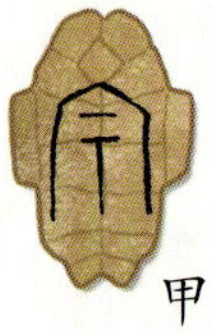

→ 宗

甲骨文"宗"字，可解读为在宗庙类建筑里放上祖先的牌位，表示这是祭祀祖先的地方。妇好的庙号是"辛"，"母辛宗"就是人们纪念和供奉妇好的宗，在甲骨卜辞中多次出现。

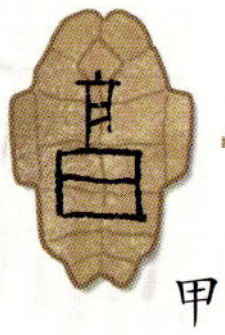

→ 享

甲骨文"享"字像庙类建筑物，其本义为供奉祭品祭祀鬼神，后引申为享受、享用。

一座商朝小屋的诞生

打地基 先挖一个土坑，往里面填黄土，再用力夯打，筑成一个台基。

打木桩 在台基上挖几个洞，里面放入石头，再把木柱埋下去，压紧固定。

平民所住的建筑则以地面式和半地穴式为主，面积大小不一，贫富悬殊。民居样式多样，有常规的方形，还有奇奇怪怪的葫芦形；有普通的单间，也有多套间半地穴式房子，更有较豪华的四合院。

牢

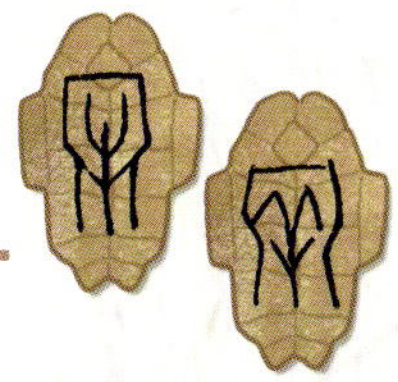

本义是关牲畜的圈栏，"亡羊补牢"的"牢"正是此意。在甲骨文里，还引申为祭祀用的动物。甲骨文字常常"一字多形"，像"牢"就有多种写法，一种是圈形和"牛"的组合，意为牛圈或圈养的牛牲；另一种是圈形和"羊"的组合，意为羊圈或圈养的羊牲。

家

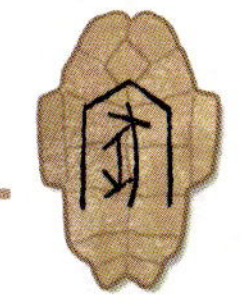

甲骨文"家"字为会意字，上面是"宀"，下面是一头猪（豕），本义为人的住所。房子和猪代表一个家庭的私有财产。

涂泥墙 用竹子或树枝扎成篱笆墙，放上芦苇束，将草泥敷在上面，抹上白灰。

盖房顶 最后放上用木柱制成的梁架，再将茅草覆盖在上面。这样，一座商朝的小屋就"诞生"了。有的房子还会在墙壁和柱子上画上彩绘，以作装饰。

服牛乘马

商朝人出行除了徒步，还会依靠牛、马、象等大型牲畜的脚力。如果想去较远的聚落，商朝人还会选择乘船。商朝的交通网络也很发达，王邑内的道路更是全国的典范，主干道宽敞且平坦，一直通向城门，城门处的街道下还设有石板铺砌的排水沟。干道旁还设有专供贵族使用的食宿设施。到了商朝晚期，已形成以殷墟为中心向四方辐射的交通网络，并建立起驿站，便于商朝与各地互相传送消息。

走
甲骨文"走"字看起来像一个人在大步前行。在交通工具尚不发达的商朝，双脚无疑是人们最值得信赖的"交通工具"。在徒步远行时，人们会手持木棒探路。

马
从考古挖掘来看，马从商朝后期开始出现在黄河流域一带。它们主要用于拉车，很少用于骑乘，骑马盛行要到战国时期及以后。甲骨文中还有一些从马的字，如骊、驳等，用于指马的毛色和优劣等。

舟
甲骨文"舟"字，像一艘木板小船，两侧曲线是船帮，中间横线是隔板。在商朝，平民会驾驶简易的小舟捕鱼或渡河。在河道的交汇处会设立渡口，专供贵族摆渡使用，商王和贵族都有专用的舟。除此之外，还有用于战争的战舟。

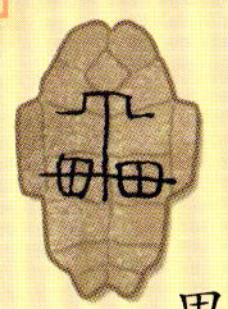

车

甲骨文"车"字,像一辆古代战车的俯瞰图,由两个车轮、一个车轴、一个车辕和一个车厢构成。殷墟已挖掘车马坑90余座,这些马车是中国目前所见最早的马车实物标本。坑中最多为一车二马一人,偶见一车二马二人、三人等配置。不过,商朝的马车主要用于贵族统治者出行玩乐、田猎,或用于战争,只有少数人能乘坐。

除马车外,还有牛车和人力车。牛车的速度和灵活性虽不如马车,但能负重,除了日常使用外,也会随军出行,运输物资。

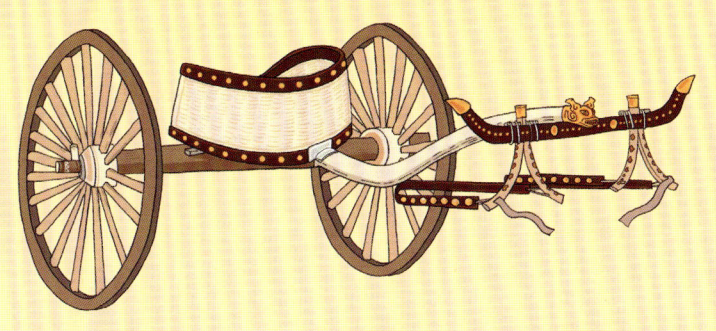

商朝马车复原图

甲骨文中的小脚丫

止 步 奔 之 涉

发达的农业

商朝的经济以农业为主，农业生产丰歉关系着商朝社会生活的稳定与否。从甲骨文可以看出，商王很重视农业生产。商朝有许多与农业相关的礼俗，比如求丰收、求降雨……商王也会象征性地参与农作。春季时，商王会进行"藉田礼"，带着大小官员亲自参加耕种，王先行，随后官员相继耕种。藉田礼作为中国传统的农事礼俗，历朝历代的统治者都会举行。

→ 圃（pǔ）

圃，也就是菜地、菜园。甲骨文"圃"字为象形字，会意为田中长出秧苗。

→ 田

甲骨文"田"字和现在的简化字的写法一致，似土地被均匀分开。这种规整的方块田就是井田。田中有大小沟渠用于灌溉或排水。商朝的土地制度就是以井田为基础的。

商朝种植的谷类作物主要有小米、黄米、大麦、小麦、水稻、大豆、高粱等几类。商朝时已有专门的菜地和果园。甲骨文中还有一个和菜园对应的象形字——"圃"。

→ 黍（shǔ）

黍去皮后就是现在的"黄米"，可用来酿酒、做糕饼，是当时的贵重粮食。甲骨文"黍"字主要有两种写法，可能分别代表普通黍和黏性黍。

→ 粟（sù）

粟去皮后就是我们常见的小米。商朝人会把粟从谷穗打下、去壳，经过蒸煮，做成供奉鬼神的供品。粟也是当时人们的日常粮食，被大量储存在粮仓之中。

→ 稻

甲骨文"稻"字像一个装满谷物的罐子，也像在石臼中舂米，溅起了些许米粒。商朝时，北方的气候较为温暖湿润，因此在今河南、陕西一带也有稻米种植。

→ 麦和来 ←

因为麦子的根部很长，所以甲骨文"麦"字下边有盘曲着的几根线条。商朝人会种植大麦和小麦两种作物，据考古学家推测，"麦"字指大麦，"来"字指小麦。

商朝从事农业的人被称为"众"或"众人",他们集体劳作,由专门的官吏"小藉臣"看管,耕作的土地不固定。当时的农业生产工具以镢(jué)、铲、镰、刀、锄、耜(sì)为主,材质有石、骨、蚌、青铜、陶、木等。后世常见的犁耕,在当时很可能已经出现。耕种时,人们会使用牲畜的粪肥和秸秆堆肥来提高土地肥力、挖掘大小沟渠进行灌溉、火烧蝗虫来处理虫害……通过辛勤的劳作获得丰收。

→ 利

收获是农民一年里最为重要的活动。为了提高效率,农民会使用石刀、石镰等工具进行收割。甲骨文"利"字呈现的就是人们手持刀、镰进行收割的场景,其本义为锋利。

→ 禾

商朝人主要生活在中国的北方,粟是主要种植作物,因此"禾"的甲骨文字形应当是粟的象形,后来引申为谷类作物的统称。

→ 年

甲骨文"年"字像一个站立的人,背负着一捆禾束,正在奋力搬运着,表示丰收、收获等意。在甲骨卜辞中,我们常常见到"受年"这样的字样,这是商朝人在祈求神灵保佑农谷丰收,表明他们对农业很重视。天坛主体建筑"祈年殿"名字中的"年"就是丰收的意思。

谷物收割后还需要进行处理和储藏。商朝人会利用石臼和石杵等工具给粮食脱粒去壳，将加工好的籽粒用陶罐储存。有时，他们会直接储藏穗头。商朝时人们已会修建专门的储粮建筑。甲骨文中有"仓"和"廪"与之对应，其中"廪"为地上粮仓。

→ 釐（xǐ）

甲骨文"釐"字左边像一株麦子，右边则像一只手拿着木棍在捶打。这种最原始的谷物处理方式，直到现在还在使用。"釐"的本义为丰收喜庆，引申为福祉，今作"禧"。

→ 秦

"秦"的甲骨文字形可以看作上方是双手持杵，下方是两个"禾"字，代表一堆谷物，因此"秦"字的本义便是舂（chōng）谷脱粒。

→ 舂

谷物都有外壳，去掉后方可食用。甲骨文"舂"字，就是双手拿着杵在石臼中捣谷物的象形。除此之外，商朝人还会利用磨盘将舂好的谷物进一步碾压成粉食用。

商朝的畜牧业相当发达，甲骨文中已有"畜""牧"二字。家畜有牛、羊、猪、犬、马、象、鹿等，家禽则有鸡、鸭、鹅。牲畜种类齐全且数量庞大，这才负担得起贵族和民众日常食用和各种祭祀活动的消耗。商王对牧场的经营十分关注，任命"牧"为总管王室畜牧业的官吏，并亲自去各地牧场巡查，对经营优秀者给予奖励。

→ 羊

甲骨文"羊"字与"牛"字相近，区别在于角的朝向。羊在商朝是仅次于牛的重要祭祀牺牲。我国养羊的历史已有4700多年。

→ 象

甲骨文"象"字是典型的象形字。商朝人在野外捕获大象后，会对其进行驯养，供王室贵族当坐骑，或是投放到战场作战。河南古称"豫州"。"豫，象之大者也。"也可以说明商朝时，河南一带产象。

豕（shǐ）

甲骨文"豕"字像猪形，头、尾、四足具有，口鼻上翘，没有獠牙，代表的应该是家养的猪。猪是一种杂食动物，对于食物没有太多要求，易于喂养，是我国先民最早驯养的动物之一。

鸡

甲骨文"鸡"字就像一只昂首挺胸的雄鸡。商朝时已经出现鸡、鸭、鹅等家禽，虽然甲骨文中没有"鸭""鹅"二字，但出土文物中有玉鸭和玉鹅，可以侧面证实。

犬

甲骨文"犬"字像一条嘴巴大张、身形细长、尾巴上翘的狗。狗可以用来看家护院、捕猎、放牧或是玩赏，是人类重要的动物伙伴，也是商朝人埋葬死者时最常用的殉牲。

牛

在中国，牛是重要的家畜之一，早在7000多年前就已被驯化。由于牛的力气大，耐力强，能载重长途跋涉，所以牛在商朝的经济生产、军事和祭祀上都有着重要意义。商朝的养牛规模很大，在甲骨文中，祭祀用牛常成百上千。

商王的田猎

商朝时的气候与现在的有着较大的区别，中原乃至华北地区都较为温暖湿润，加之森林未被全部开发为农田，诸如大象、犀牛、鹿、虎等野生动物都可以在这些地区繁衍生息。这就给商朝人的田猎活动提供了天然的场地和丰富的猎物。

甲骨小报

商王田猎大丰收！

商王武丁在田猎活动中能收获大量猎物，据甲骨卜辞记载，有一次他去焚林打猎，获得了21头野青牛、15头野猪和21只獐子。还有一次田猎，他收获了1只虎、40只成年鹿、164只狐，还有59只小鹿，真是大丰收啊！

→ 虎

甲骨文"虎"字形如一只身躯修长、张口咆哮、耳朵竖起的老虎。根据记载，商王曾在一次田猎活动中捕获一只猛虎，食用后，还将捕捉猛虎之事刻在虎骨上，炫耀这次狩猎的战绩。

→ 鹿

甲骨文"鹿"字为鹿角分叉、短尾站立的蹄足动物形象。甲骨文中的"鹿"所指的应当为鹿类动物，有斑鹿、麋鹿等品种。

→ 兔

甲骨文"兔"字似一只短尾后翘、耳朵后延、嘴部突出的兔子。野兔是商朝人田猎获得的最为常见的猎物之一。

隹（zhuī）与鸟

二者在甲骨文中都表示鸟类，在《说文》中前者表示短尾鸟，后者表示长尾鸟。

田猎常常与军事活动同时举行。对付野兽与对敌作战的技巧有相通之处。田猎既可以捕获猎物以供祭祀，也可以训练士兵练习战争布阵的变化。此外，焚烧后的土地还可以用来耕种。商王十分重视田猎，在许多地区设置了负责狩猎的官员，即甲骨文中的"犬官"。

射

甲骨文"射"字像箭在弓上将要发射出去。弓箭作为一种远程武器，在田猎与战争中极为常见。甲骨卜辞中就有询问是否能够用弓箭捕鹿的记载。在商朝的墓葬中，出土了很多不同材质的箭头。

焚

甲骨文"焚"字从林从火，表示火烧林木。焚烧林木不仅是商朝人开垦农田的重要手段，也是捕猎的一种方式。焚烧大片的原始丛林，能够将林中的大小动物逼出密林，从而展开大规模捕猎活动。

逐

甲骨文"逐"字上面是一头猪，下面是一只脚。逐，本义为追赶，表示"猎人追逐野兽"之意。商王捕猎时，常常会设置陷阱或罗网做辅助。

发达的手工业

商朝的手工业非常发达,门类众多,分工更加明细,包括青铜器、玉器、陶器、象牙器、骨器、纺织品等日常用品的制作。其中,青铜冶铸业尤其引人注目,其种类和数量十分多样,同时技术精湛,能代表当时较高的生产力水平。商朝人对玉器和陶器的需求量很大,从而也促进了玉器、陶器制作水平的提高。商朝对手工业劳动者设有专门机构进行管理,在产品的创新方面也有新的突破。

商朝青铜器代表——司(后)母戊鼎

司(后)母戊鼎是商王祖庚或祖甲为祭祀母亲而铸,其腹壁有"司(后)母戊"三字铭文。鼎的造型方正,雄伟而庄重。鼎身四壁和足部装饰有饕餮纹,鼎耳上部装饰有鱼纹,鼎耳外侧装饰虎食人纹。司(后)母戊鼎重832.84千克,是目前已知中国古代最重的青铜器,也是商朝青铜器的翘楚之作,现藏于中国国家博物馆。

一件青铜器的诞生

→ 铸

甲骨文"铸"字展示了铸造青铜器的一个步骤,即手持装有滚烫铜水的容器,将铜水浇注进下方的模范之中。

制模 用泥土塑造出青铜器的实心模具,并在上面雕饰好图案和纹路,烧制后当作母模。

制外范 将泥料敷在母模外,拓印下母模的外形和纹饰,再将泥片分割成几块,从母模上脱下来,并烧制变硬。这些泥块可以拼凑出器物的外腔,称作"外范"。

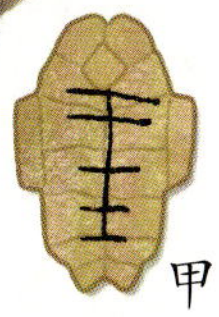

→ 玉

甲骨文"玉"字的字形像用一根绳子将数枚玉石穿起来，充作装饰物。经过细心的琢磨，玉石能够展现出晶莹的色泽，令商朝人爱不释手。他们不仅会佩戴玉石，还会将其当作陪葬品。商朝的玉器造型独特，工艺技术达到了很高的水平。

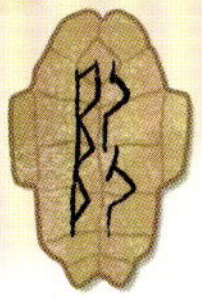

陶 ←

甲骨文"陶"字左侧像一座小山，右侧为两个人。有人认为其像两个人正在挖掘洞穴。商朝有专门的制陶作坊，陶器种类多样，有普通的日用陶器，也有精美白陶。白陶通体白色，纹饰丰富。商朝还出现了瓷器的雏形——原始瓷器，是当时制陶工艺的最高水平，也是中国制瓷业的重大开端。

制内范 接着，将原来的母模削去一层，制成较小的范芯，即内范，也称"内芯"。

浇铸 将内外范组装在一起，中间用铜垫片支撑，二者中间的空隙便是铜液要浇注的地方，内范和外范之间的距离即为青铜器做好后的壁厚。

修整 铜液冷却后，将内外范打碎，取出青铜器。再对细节进行修整打磨，便能得到精美的青铜器了。

商业兴起

商王朝建立后，随着农业和手工业的发展，生产的物品日益增多，促使商品交换发展起来。商朝后半期的商业活动已非常活跃和发达，出现了比较固定的交易市场。各种手工业制品除了供王室所需外，还有一部分会作为商品流通。商朝人擅长做生意，商亡后，西周的统治者也鼓励他们经商。久而久之，人们就将做生意的人称为"商人"。

甲骨小报

商朝的货币

商朝既有以物易物的交换方式，也有以贝、玉作为货币进行买卖的。在青铜器的铭文中，就多次出现商王赏赐属下贝作为奖励的记录。古人使用贝作为货币始于夏朝，盛行于商朝，一直延续至西周时期。商朝墓葬中出土了大量的贝，贝上有孔，方便用绳子穿起来。殷墟妇好墓中随葬贝超6800枚。

→ 贝

甲骨文"贝"字写作贝壳的形状。商朝人使用的贝壳产自中国南海、西沙群岛等地，距离商朝都城路途遥远，因此数量稀少而价高。商朝人还会仿照海贝制作铜贝或骨贝等作为替代品。

→ 朋

小巧的海贝携带不便，因此商朝人常常用绳子将海贝穿起来。甲骨文"朋"字即为两条绳子穿起数枚海贝的模样。朋是贝币的计量单位，有二贝、五贝或十贝为一朋的不同说法。

→ 買（mǎi）

甲骨文"買"字从网从贝，会意为网罗钱财。本义为用货币交换商品的活动，既有买的含义，又有卖的含义。

→ 得

甲骨文"得"字从又(手)从贝,本义为获得、得到。

→ 再(chēng)

甲骨文以"再"为"称"字,像一只手提起重物来估量轻重。粮食是古人常常需要称量的东西,因此"再"字后来加上了"禾"字,成为我们今天所写的"称"字。

→ 量

甲骨文"量"字像将货物装在囊袋之中称重。商朝的度量衡已具雏形,甲骨文中虽未见"尺"字,但出土过三把牙(骨)尺,长度为16~17厘米。

神秘的祭祀

"国之大事,在祀与戎",意思是国家最重要的事情莫过于祭祀与战争,对于商朝人来说也是如此。商朝人祭祀的对象众多,从自然界的风雨雷电、土地山川,到虚无缥缈的天地鬼神,再到长辞人世的先公先王,都是他们祭祀的对象。人们通过献祭、跳舞、唱歌等方式表示敬意,以求庇护。此外,为建造宫殿、宗庙或铸造青铜器举行仪式时也会祭祀。商朝的祭祀隆重而频繁,特别是商朝后期,几乎每天必祭。

→ 祖

甲骨文以"且"为"祖"字。"祖"大约在春秋时由"且"分化而来,成为专用字。商朝人相信通过祭祀那些已逝去的先祖,能够为自己的子孙降下福佑。

→ 祭

甲骨文"祭"字像一只手拿着滴血的生肉。商朝人不会食用未经烹煮的肉食,因此可用未经加工的肉食表达祭祀的意思。

→ 血

甲骨文"血"字为"皿"形中有一个小圆圈,圆圈代表未凝固的血液。甲骨卜辞中常常出现"血三羊"之类的字样,表示用三头羊的血祭祀某位先祖。

商朝的祭祀活动通常由商王或巫师等人来主持，祭祀的场地根据所祭神的"居所"而发生改变。祭祀物品十分丰富，大致包括食物、器物和人牲三大类。食物常选用猪、牛、羊等牲畜，以及粟、稻等粮食；器物一般为青铜器、玉器等；人牲则主要选用奴隶或俘虏等。此外，在商朝的祭祀活动中，酒也是不可少的。

→ 燎

甲骨文"燎"字像几根正在燃烧的木头。甲骨卜辞中常会出现"燎祭"，这是一种焚柴或烧燎牲畜祭祀先公先王与上天神灵的祭祀方法。

→ 祝

甲骨文"祝"字像一个人跪拜在祖先神位（示）前祈祷或祷告。祝，本义为祝祷。后来引申为主持祭祀活动的人。金文中"祝"多用作官职名。

→ 登

甲骨文"登"字像两只手捧着盛放祭品的豆。商朝人在秋收之后会将新收获的谷物奉祭于神灵，由此获得保佑，此为"登尝之礼"。

征伐四方

商朝的统治并不是十分稳固，周边游牧民族、方国常常因为资源、地域疆界的争夺同商族展开大大小小的武力冲突。那些臣服于商王的部落有时也怀有二心，时服时叛，因此商王常常要对其进行武力征伐，军事活动在商朝的国家政治中占有重要的地位。此外，商王还会派出武官去边境建立军事据点，这些武官逐渐演化成侯、甸、男、卫等诸侯，而这些诸侯的军队则为商朝的"地方军"，听从商王的安排。

女将妇好

妇好是商王武丁的妻子。她不仅数次主持祭祀活动，还常常带领士兵征伐周边的方国。根据甲骨卜辞记载，妇好曾经率领军队一举击溃了长期与商王朝交战的土方。在妇好的军事生涯中，她曾统领过13000多人的大军。

甲骨小报

妇好死后，商王为她举行了隆重的葬礼，陪葬了大量的青铜礼器与兵器。

甲骨小报

有文字记载的最早的"伏击战"

据甲骨卜辞记载,妇好曾和商王武丁配合,打过一次漂亮的"伏击战"。当时他们出征讨伐巴国,夫妻俩提前制订了作战计划:由妇好领兵预先埋伏,武丁则率兵从东面发起进攻,将巴军驱赶到妇好的埋伏圈中一举歼灭。后来计划奏效,商军取得了胜利,可见商朝的战争很讲究战术。

→ 羌

甲骨文"羌"字像一个戴着羊角的人。在甲骨文中,羌为泛称,有羌方、羌龙、北羌等。他们分散在商王朝西部和西北部,有的还过着游牧生活。多年的交战使得商朝俘获了大量的羌人,这些羌人常常被当作人牲对待。

→ 夷

甲骨文"夷"字由"人"字充当,甲骨文中的"征人方"一般译为"征夷方"。"夷"是商朝人对东、南民族的统称。他们大概生活在今山东东部、东南部和江苏东北部一带。商王武丁时期时常与夷方发生战争,但规模不大。

→ 鬼

甲骨文"鬼"字像一个头戴面具、装扮成鬼神的人。商朝西北部的"鬼方"是一个强盛的方国,商王曾发动过讨伐鬼方的大规模战争,但直到商朝末期,鬼方才被商王朝征服。

→ 土

"土"字的甲骨文字形就像地面上有一块土。土方的活动范围大概在今河北北部(一说在今山西北部),是商北方的一个强大方国,经常骚扰商朝的领土。郭沫若先生认为,土方为夏朝遗民,所以才会和商王朝敌对。

商王的军队有着精良的装备与严整的建制，兵种主要有步兵和车兵。格斗武器常使用石质、青铜的武器，如刀、戈、矛、钺等；远程武器主要为弓箭，配备有青铜箭头，是军队中重要的常备武器；防御武器则有青铜材质的头盔、盾牌及皮甲等。

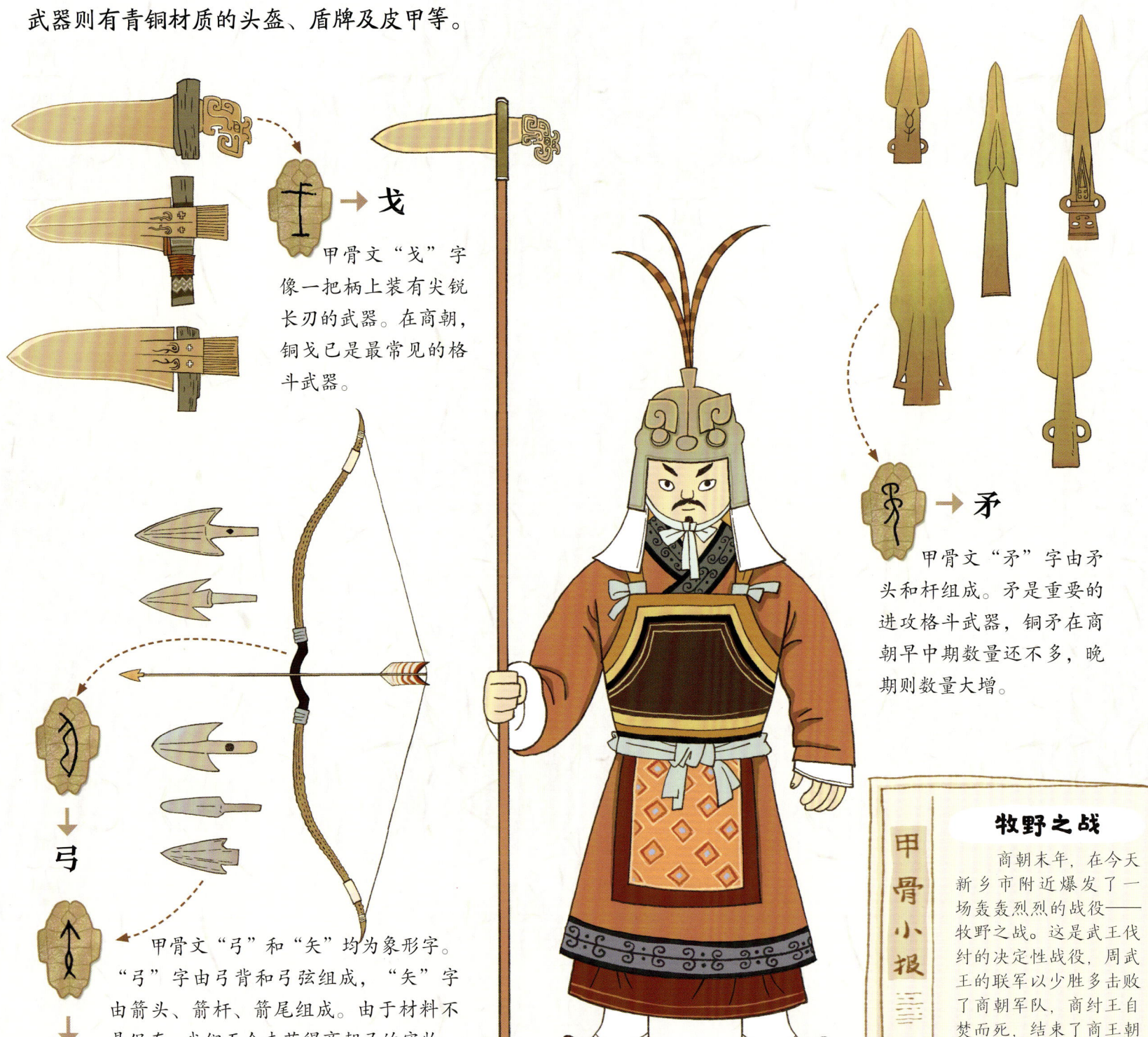

戈

甲骨文"戈"字像一把柄上装有尖锐长刃的武器。在商朝，铜戈已是最常见的格斗武器。

矛

甲骨文"矛"字由矛头和杆组成。矛是重要的进攻格斗武器，铜矛在商朝早中期数量还不多，晚期则数量大增。

弓

矢

甲骨文"弓"和"矢"均为象形字。"弓"字由弓背和弓弦组成，"矢"字由箭头、箭杆、箭尾组成。由于材料不易保存，我们至今未获得商朝弓的实物，但青铜箭头已经有很多发现。

牧野之战

商朝末年，在今天新乡市附近爆发了一场轰轰烈烈的战役——牧野之战。这是武王伐纣的决定性战役，周武王的联军以少胜多击败了商朝军队，商纣王自焚而死，结束了商王朝500多年的统治。

→ 刀

甲骨文"刀"字就像有锋利刀刃的武器。商朝的士兵会将中型刀作为作战防身的短兵器，也会使用一些大型的砍劈刀具。

甲骨小报

商朝军队的编制

商朝军队中最底层的军官被称作"十夫长"，负责管理自己的十人小队；十夫长之上更高一级的基层军官为"百夫长"，管理百人军队。据武丁时期的卜辞记载，大规模战争时商王会从各地征召士兵，一次正式作战所征集的人数最多可达13000人。历史学家推测，千人成旅，万人为师。

→ 胄

甲骨文"胄"字像战士作战时戴的头盔，头盔上方还有装饰品。商朝时，甲胄的使用已相当普遍，殷墟大墓中曾有成批的青铜胄、皮甲出土。

甲骨文"盾"字的字形十分形象，盾牌呈长方形或梯形，中间有两道横线，是士兵们持盾牌的把手。
→ 盾

盾牌是士兵们打仗时抵挡敌人攻击的防护兵器。

→ 戉（yuè）

"戉"是"钺"的本字，是一种斧类兵器，"钺"是王权和军权的象征。妇好墓中出土了两件大型铜钺，分别重8.5千克和9千克，这是妇好作为王后和军事统帅地位的象征。

杰出的自然科学成就

商朝在天文、历法、农业、手工业、医疗等科学技术方面已取得了重要进展。商朝有史官专门负责观察天象、气象,甲骨卜辞中就有关于日食、月食和一些星辰的"记录"。商朝的历法是我国已知较完整的最早历法,即使在世界古代史上也是一种比较先进的古历法。月的一次圆缺为1个月,一年有12个月,并设闰月来调整每年的时间,闰年有13个月。商朝用十天干和十二地支相配来纪日,每月分三旬,一旬十日。此外,商朝人已有一定的计算能力,纪日、纪月、纪年、计数均采用十进制。这是中国古人的一个杰出创造,在世界数学史上有着重要的意义。

→ 日和月 ←

甲骨文"日""月"二字是典型的象形字,用简单的笔画直接勾勒出太阳的轮廓及月牙儿的弧度。甲骨文中曾记录了5次月食,但当时的人们尚未掌握月食发生的规律和原因,于是将其视为灾祸。

→ 星

"星"字为形声字,以小小的方形来表示群星之形,用"生"来标示读音。在甲骨文中,"星"字有两种用法:一是因星见天晴,引申为"晴"的意思;另一种就是指星辰。

甲骨文中的季节

商朝的一年只分为两个季节,即"春"与"秋"。甲骨文"春"字用"木"和"日"来表示季节,用"屯"字表音。甲骨文"秋"字为假借字,看起来像一只虫子,象征秋收时蝗虫泛滥、啃食粮食。春种秋收是一个农事周期,汉语中常用"春秋"来表示一年。

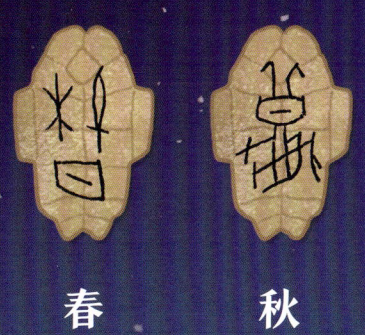

春　　秋

甲骨文中的天干地支

20世纪50年代初,郑州商城遗址出土了商朝早期的牛肋骨刻辞,上面有"乙丑"的干支纪日,说明在商朝早期就已经使用干支纪日法了。商朝人将十天干与十二地支互相搭配,组成60个干支单位,这60个干支单位循环使用来纪日。

甲骨文中的数字

商朝人拥有从"一"到"万"的计数单位。使用较小的数字时,可以用笔画的多少来直接表达,当数字较大时,则会用到假借的方法。例如甲骨文"九"字,其造字本义就是人的手肘;"百"字则由上面的"一"和下面的"白"拼合而成,借用了"白"字的读音;"万"字为蝎子形,借用了"蚤"字,"蚤"的本义为蝎子。

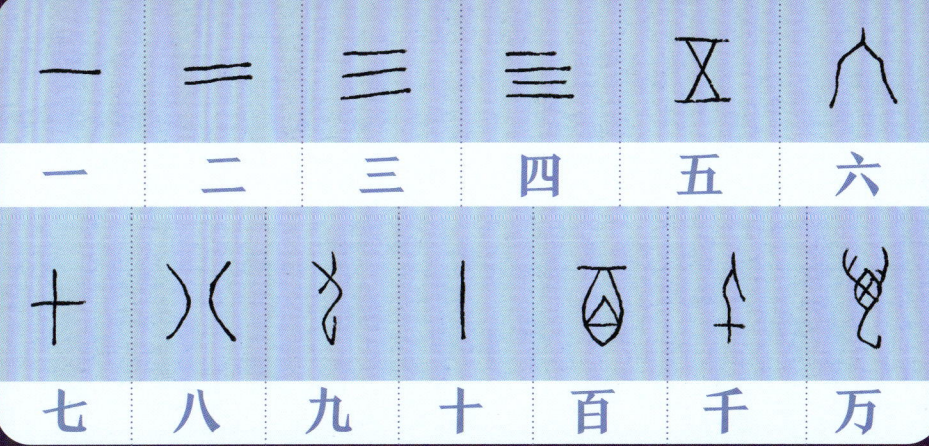

甲骨文中的疾病通常称为"疾某"或"某疾"。通过甲骨文可以看出，商朝人已经认识到了头疾、眼疾、耳疾、鼻疾、口疾、心疾、骨疾等疾病，对人体结构、脏器功能等有一定程度的认识。此外，我们还能看到中国最早的病案和关于瘟疫的最早文字记载。

疾

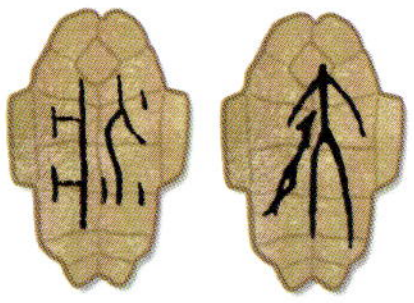

甲骨文"疾"字像一个出虚汗的人躺在病床上。可见"疾"的本义就是病。"疾"还有一个写法，像一个人被箭矢射中。故在甲骨文中，"疾"有时也代表受了外伤而卧床休息。

甲骨文中的人体部位名称

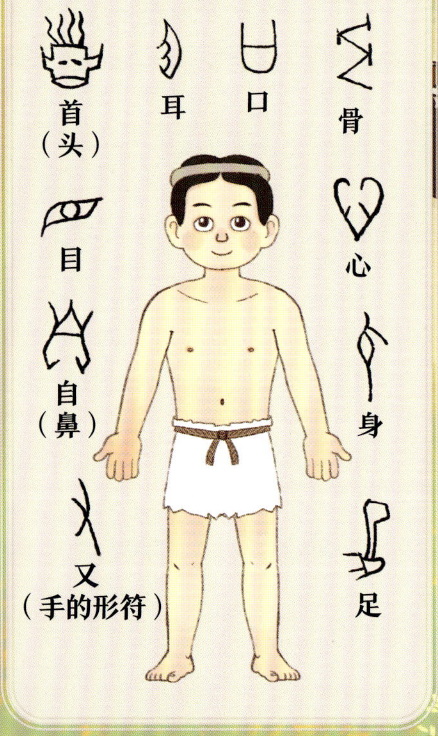

首（头）、耳、口、骨、目、心、自（鼻）、身、又（手的形符）、足

龋（qǔ）齿

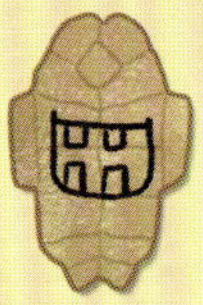

甲骨文"龋"字看起来像一个人张大嘴，展示被虫蛀的牙。将甲骨文"龋"和"齿"相比较，我们就会发现"龋"字非常形象。商朝人还没有刷牙的习惯，像龋齿这样的疾病并不少见。

在商朝人的观念中，神灵降灾是导致疾病的重要原因。商朝的医疗往往与巫医有着紧密的联系，治病主要靠巫术和祈祷。不过，人们也会使用药物来治疗，比如药酒或草药。商朝时已设有"小疾臣"这一巫医官职。一些遗址还出土了商朝的针、锥、刀等治疗器具，这些器具很可能是当时用来针灸或切瘤放血的。

已知最早的病案记录

商王武丁时期，有一位贵族身染恶疾，病情不断恶化，坚持了50多天，最终死亡。其间商王多次为他占卜，都显示结果不妙，最终果然无力回天。不过，甲骨文中并没有清楚地记录这位贵族得的是什么病，商王的占卜也只是说他被鬼附身，真相无从得知。

殷

甲骨文"殷"字像一个人手持一物指向另一个人的腹部，所会之意不明。有人认为其与针灸有关，有人认为其与孕妇生产有关。我们知道"殷"和"商"一样，指代商朝，但用"殷"指代商朝是从西周开始的。在目前释读的甲骨卜辞中，"殷"并不是"商"的代称。商朝人称自己的国都为"大邑商"或"天邑商"，而不是"殷"。

巫

甲骨文中有"巫"字，但没有"医"字。甲骨文"巫"字看起来像两根交叉的器具，这个器具应该是巫师用来占卜的工具。巫师除了能占卜外，还能替人治病，主要以舞蹈、祈祷等心理治疗为主。到了春秋时代，"医"和"巫"有了明确分工，医师负责看病下药，巫师负责卜问吉凶。

舞乐翩翩

古文献有"殷人尚声"之说。商朝祭祀以音乐贯穿始终，将歌、乐、舞三者合为一体。典籍中记载的夏商乐舞主要有《大夏》《大濩》和《桑林》。商朝的乐器种类繁多，材质不一，石质、陶质、骨质或青铜皆有，其中最具代表性的乐器有磬、庸、铃、鼓、埙（xūn）、笛等，会在庙堂祭祀、宫廷宴席、战争与日常生活中使用。

→ 鼓

甲骨文"鼓"字像一只手拿着鼓槌敲打竖立的鼓。最初"鼓"字用来表示打鼓的动作，后来表示鼓这一类打击乐器。鼓早在夏朝就成为上层统治阶级的重要礼乐器，重大场合都离不开鼓，商朝也不例外。

→ 龠（yuè）

甲骨文"龠"字像一件两只单管（代表多支单管）捆绑在一起的管乐器。由于制作材质不易保存，我们至今未发现和此字相关的商朝管乐器，同样未见的还有笛子。中国笛子历史悠久，距今8000年的舞阳贾湖遗址就出土过很多骨笛，推测笛应该也是商朝常见的乐器。

磬（qìng）

甲骨文"磬"字像一人敲打着悬吊在架子上的石磬。石磬的原材料是笨重的石板，经过精心的修整后，便能发出美妙的声音，有些石磬上还雕琢有精美的花纹。单件使用的磬被称作"特磬"，由数个石磬组成一组则称作"编磬"。磬最早用于先民的乐舞活动，后成为一种礼器用于历代帝王的各种礼仪活动。

庸

"庸"，即大钟，亦称为"铙"。甲骨文中常见"奏庸"一词，学者们通常将其解释为"击铙"。铙是口朝上，下有底座的打击乐器，有单独一件的，也有三件一组的。商朝人在奏乐时，常将庸与鼓等乐器配合使用。

吹

甲骨文"吹"字的字形像一个人吹着一件宽而短的乐器。在商朝，吹奏乐器陶埙很受欢迎。埙这种古老的乐器今天依然存在。

在商朝，舞蹈和音乐是相伴相随的，贵族的祭祀、宴席都离不开舞蹈。当时已有专业的舞人和管理者，舞人以巫和奴隶为主，商王和贵族有时也会参与进来。舞蹈时常有铙、磬、埙等乐器在旁伴奏，舞人们头戴鸟羽，佩戴着精美而神秘的面具，手持牛尾或斧钺类兵器进行舞蹈。甲骨卜辞多次提到，巫通过献舞来祈求降雨，从这里我们也可以看出"舞"最初的功能。

→ 舞

甲骨文"舞"字，像一个人双手拿着类似牛尾巴的道具进行舞蹈。商朝的舞蹈大多具有神秘的巫术色彩，如"舞"字就常常见于求雨的甲骨卜辞中。

→ 魅

甲骨文"魅"字，像一位舞者头戴面具，身上涂抹着在暗处能发光的液体。可以看出，当时的舞者很会为自己置办独特的装饰，营造出一种神秘的氛围。

→ 奏

甲骨文"奏"字既与音乐有关，也和舞蹈有关。其字形就像舞人双手捧着道具，或载歌载舞，或指挥乐队。

第四章 从甲骨文到简化字

汉字是世界上最古老的文字之一。它是我们的祖先在生产劳动和生活实践中创造出来的，之后经过不断完善成为记录汉语的工具。在漫长的历史长河中，汉字有过较大的三次变革：从商周古文字到小篆是一次，由小篆发展为隶书是一次，由隶书发展为楷书又是一次。从甲骨文到简化字，汉字的字形、字音、字义发生了很大的变化，但因为汉字本身有一定的造字规律和系统性，所以现在我们仍然能看懂古书，这是其他民族的文字所不能相比的。下面我们就来了解一下汉字的"前世今生"吧。

汉字的诞生

汉字诞生于中华文化的沃土中，有着极悠久的历史，其确切的起源时间目前仍然未知。古人认为黄帝的史官——仓颉创造了文字，但这毕竟是个美丽的传说，文字绝不是一个人所能创造的。商朝的甲骨文是我们今天能看到的最早的成体系的文字。商朝的巫师与史官是积极创造和推动这一文字系统愈加完善的人。

仓颉是一个有着敏锐观察力与创造力的人。他观察鸟兽的足迹并受到启发，从而创造了文字。

仓颉造字

传说仓颉生有双瞳四目，是黄帝的史官。那时，人们还没有发明文字，因此大事小事都只能凭借自己的记忆力记下。

传说他创制文字时，天上降下粟米，鬼在夜间哭泣。因为老天爷担心人们学会文字后，都去从事和文字相关的职业而放弃农耕，从而造成饥荒。仓颉造字后，文字得以传播，并被广泛运用。

巫师和史官是最早的知识分子，他们懂天文、历法、地理、历史等各种知识，远非他人可比。为了准确记录商朝的祭祀、军事、田猎等活动，他们运用自己的观察力与创造力，在无数次的记录实践中，推动了汉字的发展。商朝较为发达的文明也为文字的发展提供了充足的养分，甲骨文在不断重复运用中得以发展，变得更加成熟。

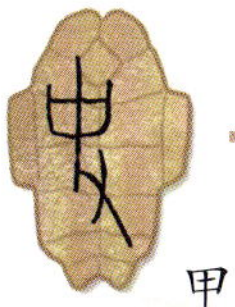

史 → 史

甲骨文"史"字从又（手）持中（簿册），会意为记事者。相关证据表明，至少在商朝晚期，使用毛笔在竹简上书写文字已成常态。甲骨文中有"书""画""册""典"等与书写相关的字。

比甲骨文更早的中国文字

河南郑州小双桥商朝遗址出土了一批陶器，不少陶缸的表面有用朱砂做颜料书写的文字。据研究，这些带有朱书文字的陶器能追溯到商朝中期早段，比目前所发现的最早的甲骨文还要早近100年。

此外，考古学家还在山西陶寺遗址发现了距今4000年左右的朱书文字和墨书文字，在山东龙山文化遗址中，发现了时代更早的陶文。这些考古发现，为探讨中国文字的起源提供了重要资料。

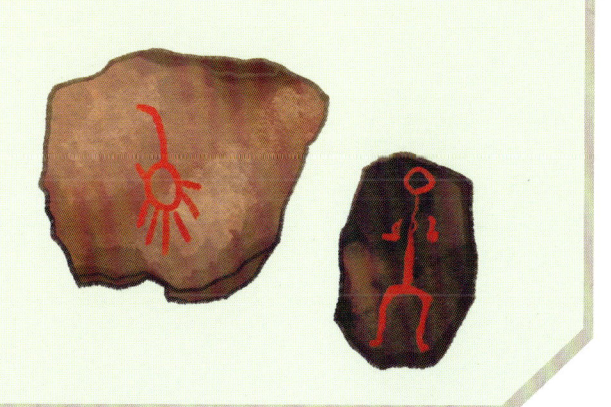

汉字造字法

《说文解字》是中国第一部分析汉字字形与考究字源的字典，作者许慎将汉字的构成与使用方式归纳为六种类型，即象形、指事、会意、形声、转注、假借，也就是所谓的"六书"。而甲骨文已具备这些构字类型。古人造字绝不是一个字一个字孤立地造出来的，字和字之间是相互联系的，我们只有深入了解古人的生产、生活情况，再结合考古资料、历史记载等丰富的材料才能领悟其中的奥秘。

象形，即用简洁线条描摹物体形状来构成汉字的构字方法。通常来说，象形字对应的是具体的事物，如动物、建筑、青铜器、武器、人体部位等。甲骨文中的象形字数量不少。

→ 舌

甲骨文"舌"字也是典型的象形字。下部的口表示张开的大嘴，上部的分叉物则表示从口中伸出的舌头。至于舌头的尖端为何是分叉的，则可能因为这个笔画取自蛇类极具代表性的分叉状舌头。

→ 水

甲骨文"水"字取自水流的形状。中间像一条蜿蜒流动的河，两侧的点则像飞溅的水滴。

→ 山

甲骨文"山"字是三座山相连的形状，很直观，它勾勒出群峰起伏连绵的形态。

指事

用抽象性符号组合字形，或在象形字上增加抽象性符号来标指字义的构字方法叫作"指事"。指事字多以象形字为基础，所标指的具体含义会通过特定的抽象符号标示出来，需要经过仔细观察思考才能理解。指事字在象形、指事、会意、形声四种结构构成的甲骨文中占比最小。

刃

甲骨文"刃"字是典型的指事字，"刃"字的本体是一把刀，而刀上的小圈则指明了刀刃的位置，起到突出与强调的作用。

上和下

在甲骨文中，"上"字是长横线上加短横线，"下"字是长横线下加短横线，表示与这条水平线的上下位置关系。"上"与"下"两个字也是典型的指事字。

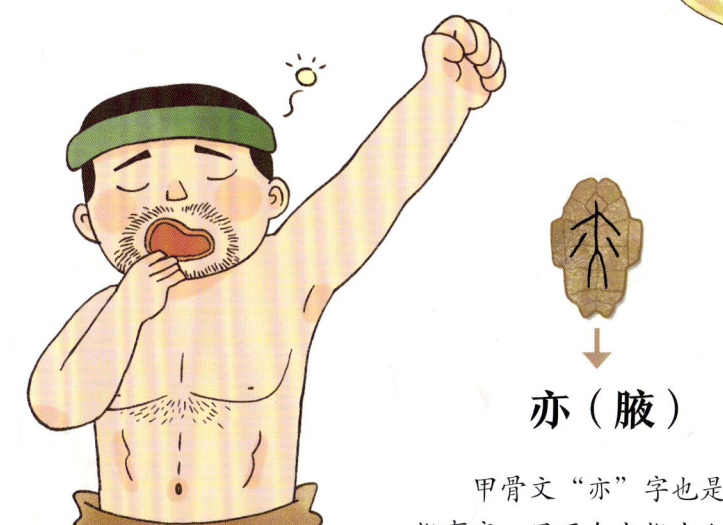

亦（腋）

甲骨文"亦"字也是典型的指事字，用两个点指出人体腋窝所在位置，故其本义为腋窝。后因同音关系，"亦"字被借用来表示"也、又"等意，其本义反而不用了。

曰

甲骨文"曰"字的用法和后世一样，都表示"说话"的意思。从字形上来看，"曰"字的字形是在"口"上加一短横，用来表示音从口出。

 会意

会意就是用两个或两个以上的字符组合来构成汉字的构字方法。会意构字法突破了象形、指事的局限，可表示无形可象、无事可指的抽象事物和概念。会意字也便于人们从字形了解字义。甲骨文中会意字比象形字和指事字多。

从 ←

甲骨文"从"字由两个一前一后紧紧跟随的人组成，表示随从的意思。

莫（暮）←

在甲骨文中，"日暮""傍晚"这一概念用"莫"字来表达。"莫"字从林从日，是"暮"字的本字，会意为太阳低垂于丛林之中，时间已是傍晚。著名甲骨学家董作宾用甲骨文写了一副对联，"日在林中初入暮，风来水上自成文"，形象地表达了甲骨文"暮"字的形态。

→ 休

甲骨文"休"字由象形字"人"与"木"组合成意，表示人倚靠树木在歇息。

→ 光

甲骨文"光"字由"火"和"人"两个构字部件会合而成，表示火在人的上方，光亮、明亮的意思。

 **形声**

形声字一般由两部分构成,即声符和形符。声符用来标识这个字的读音,形符用来表示这个字的大概意思。这样的造字方法,大大降低了汉字的辨识难度,也为汉字的创造提供了优秀的范式。在现代汉字中,形声字占80%以上,形声是汉字最有生命力的造字方法。

→ 盂(yú)

甲骨文"盂"字上部是"于"字,用来表示"盂"字的读音;下部的"皿"字用来表义,表示盂是一种高圈足的器皿。

 → 往

甲骨文"往"字是非常典型的形声字。"往"字的上部为"止","止"本义为脚,有行走的意思;而下部则是甲骨文"王"字的一部分,"王"与"往"读音相近,可以表示"往"这个字的读音。

渔

甲骨文"渔"字从水从鱼,"鱼"既表形也表声。

假借和转注

假借与转注是创制文字的方法中较为特殊的两种。不同于以上四种造字方法,假借与转注被认为是人们使用汉字的方式。当某一个意思难以用象形、象意的方式来表示时,人们往往会选择用一个发音相同或相近的现成字去代替,这种用法叫作"假借"。至于"转注",目前有多种解释,尚无定论。

翌(翼) ←

甲骨文"翌"字表示第二天的意思,常常假借"翼"字来替代,其原因就是二字的读音相近。

有趣的中国字

中国汉字经过几千年的演变，出现了形态各异的字体。从图画般的甲骨文、金文，发展到更加优美的小篆。秦末汉初隶书出现，并逐渐取代了篆书。从汉隶开始，汉字由"古文字"进入"今文字"阶段。之后衍生出草书、行书和楷书等字体，字的结构、笔画更加简化。中华人民共和国成立后，推行出笔画更加简单的简化字，就是我们现在使用的汉字。

"神秘巫师"甲骨文

甲骨文诞生于商朝，由刻刀刻写在龟甲和兽骨上，主要用于占卜。

特点：线条硬朗，图画性强，一字多形，已经具备汉字构字的各种类型。

典型代表：殷墟甲骨文。

"青铜史官"金文

金文又叫"钟鼎文"，诞生于商朝，特指刻在青铜器上的铭文。

特点：丰满整齐，比甲骨文更方正。

典型代表：西周晚期毛公鼎铭文。

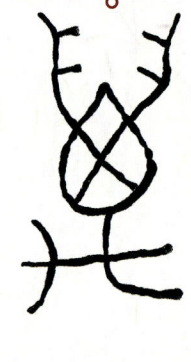

"书体明星"楷书

楷书由隶书演变而来,字体更加简化,形成于汉魏之际,一直流行到现在,堪称书体界的"大明星"。楷书发展的巅峰在唐朝。

特点: 形体方正规整,笔画横平竖直,端庄大气。

典型代表: "楷书四大家"欧阳询、颜真卿、柳公权、赵孟頫(fǔ)的作品。

"笔尖舞者"行书

行书始于东汉末年,介于楷书和草书之间,弥补了楷书书写太慢和草书难以辨认的缺点,可谓集众家之所长。

特点: 字体工整且灵活多变,书写起来如行云流水,像一位舞蹈家在翩翩起舞。

典型代表: "天下三大行书"——王羲之的《兰亭序》、颜真卿的《祭侄文稿》及苏轼的《黄州寒食诗帖》。

"方便易学"简化字

简化字是中华人民共和国成立后,在已经流行的简体字形基础上,经专家系统整理和改进,再由国家正式公布的、字形相对简化的汉字。

特点: 笔画减少,简洁优美,更加易于书写和阅读。

"防伪专家"小篆

小篆是在春秋战国时期秦文字的基础上逐渐演化而来的。秦始皇统一中国后，为巩固统治，制定了标准文字。由于笔画复杂，不容易模仿，成为刻制印章使用的首选字体。

特点：字体修长，上紧下松，笔画横平竖直，粗细一致，极富美感。

典型代表：《泰山刻石》《峄山刻石》《琅琊刻石》《会稽刻石》等。

"效率达人"隶书

隶书形成于战国晚期，通行于两汉，是人们为了提高书写效率对小篆进行简化而来的，基本摆脱了古文字象形的特点。

特点：字体整体扁方规整，蚕头燕尾有波磔（zhé）变化，笔势生动。

典型代表：《张迁碑》《景云碑》《曹全碑》等。

"仗义侠客"草书

草书由隶书演变而来，约形成于西汉宣帝、元帝时期。最初的草隶为隶书的"快写版"，后来发展出了章草、今草、狂草等种类。

特点：运笔放纵、虚实结合、潇洒不羁。

典型代表：东汉"草圣"张芝，以及唐朝的张旭和怀素的墨迹。

索引

八 81	春 65	盾 79	鼓 84	籍 40
百 81	丑 81	多 38, 42	光 92	己 81
保 38	刍 40	耳 82	龟 2	祭 74
贝 72	吹 85	二 81	鬼 77	家 59
奔 61	舂 81	焚 69	癸 81	甲 81
丙 81	辍 33	夫 47	簋 50	监 54
卜 27	从 92	父 47	亥 81	斤 20
步 61	大 47	妇 43, 46	禾 64	井 22
蚕 53	刀 79	高 57	虹 21	阱 22
册 41	稻 63	戈 78	壶 51	九 81
车 3, 33, 61	得 73	庚 81	虎 68	酒 48
臣 40, 42, 45	登 75	工 41, 44	黄 54	爵 51
辰 81	丁 81	弓 78	祎 52	君 38
再 73	鼎 3, 49	宫 56	鸡 67	畯 40
齿 82	豆 50	骨 82	疾 42, 82	口 82

颏 52	魅 86	羌 21, 77	商 1, 23, 35, 87	司 41
来 63	门 56	妾 45	上 91	丝 53
牢 59	宀 57	秦 65	舌 90	巳 81
老 46	莫 92	寝 43	射 69	四 81
立 38	母 46	磬 85	涉 61	宋 56
利 64	目 82	秋 81	申 81	粟 63
鬲 49	牧 40	裘 53	身 82	孙 46
量 73	男 47	齲 82	师 38, 41	陶 71
燎 75	年 64	犬 67	十 81	田 62
六 81	鸟 69	人 44	食 42	庭 57
鹿 68	牛 67	壬 81	史 38, 89	土 77
履 52	女 46	刃 91	矢 78	兔 68
马 3, 60	朋 72	日 3, 80	豕 67	万 81, 94
买 72	囚 62	肉 48	首 82	王 36
麦 63	七 81	若 54	黍 63	往 93
矛 78	契 5	三 81	戍 41	未 81
卯 81	千 81	山 90	水 90	巫 83

五 81	戌 81	卣 50	胄 79
午 81	血 74	又 82	逐 69
舞 86	亚 41	盂 93	祝 75
戊 81	甗 49	渔 93	铸 70
析 20	羊 66	雨 20	隹 69
奚 45	一 81	玉 71	子 43, 46, 81
鳌 65	衣 52	曰 91	自 82
下 91	夷 77	月 3, 80	宗 58
享 58	宜 49	戌 79	走 60
向 57	乙 81	龠 84	奏 86
象 66	亦 91	宰 38, 42	足 82
小 40, 42	翌 93	正 40	俎 49
心 82	殷 83	之 61	祖 74
辛 81	寅 81	止 61	尊 51
星 80	尹 38	耑 52	作 41
杏 48	庸 85	众 45	
休 92	酉 81	舟 60